わくわく 埼玉県 歴史ロマンの旅

埼玉県立歴史と民俗の博物館［編］

学陽書房

◇……はじめに

悠久のロマンを感じる「埼玉《さきたま》古墳群」、まちの散策も楽しい川越の「蔵造《くらづく》りの町並み」など、多くの観光客が訪れるスポットや、各地で人びとの信仰を集め、四季折々の表情を見せる神社・仏閣など、そこにまつわる人間のドラマや見過ごしてしまいそうな隠れたエピソードなどを美しい写真とともに紹介します。


皆さまは、名所旧跡と聞いてまず何を思い浮かべるでしょうか？

国内にはたくさんの有名な寺社や城などがありますので、お好きな場所がたくさん浮かんでいらっしゃるのではないでしょうか。遠くの名所へ、旅行がてら出かけるのももちろん楽しいのですが、

「もっと身近な歴史を楽しんでほしい！」

「埼玉県の魅力をもっとアピールしたい！」

との思いから、日頃、歴史情報センターの役割を担う私たち埼玉県立歴史と民俗の博物館のメンバーが筆をとらせていただきました。
身近な名所や史跡を見つめて、埼玉県に暮らしていた先人たちの努力や叡智の数々を知り、埼玉県の魅力を再発見し、埼玉県をあらためて好きになり、歴史をより身近なものに感じていただけたら幸いです。

埼玉県は近年、県外からの転入が盛んで幅広い世代の方が暮らしています。県民は、新たに移り住んだ地域の歴史や文化に興味関心をもつことがあり、全国的にみても歴史好きな方が多いといわれているようです。
忙しい現代生活の中、今度の休日は身近な名所や史跡を訪れて、埼玉県の悠久のロマンに身を委ね、歴史に思いを馳せてみませんか。

平成二十六年六月

埼玉県立歴史と民俗の博物館

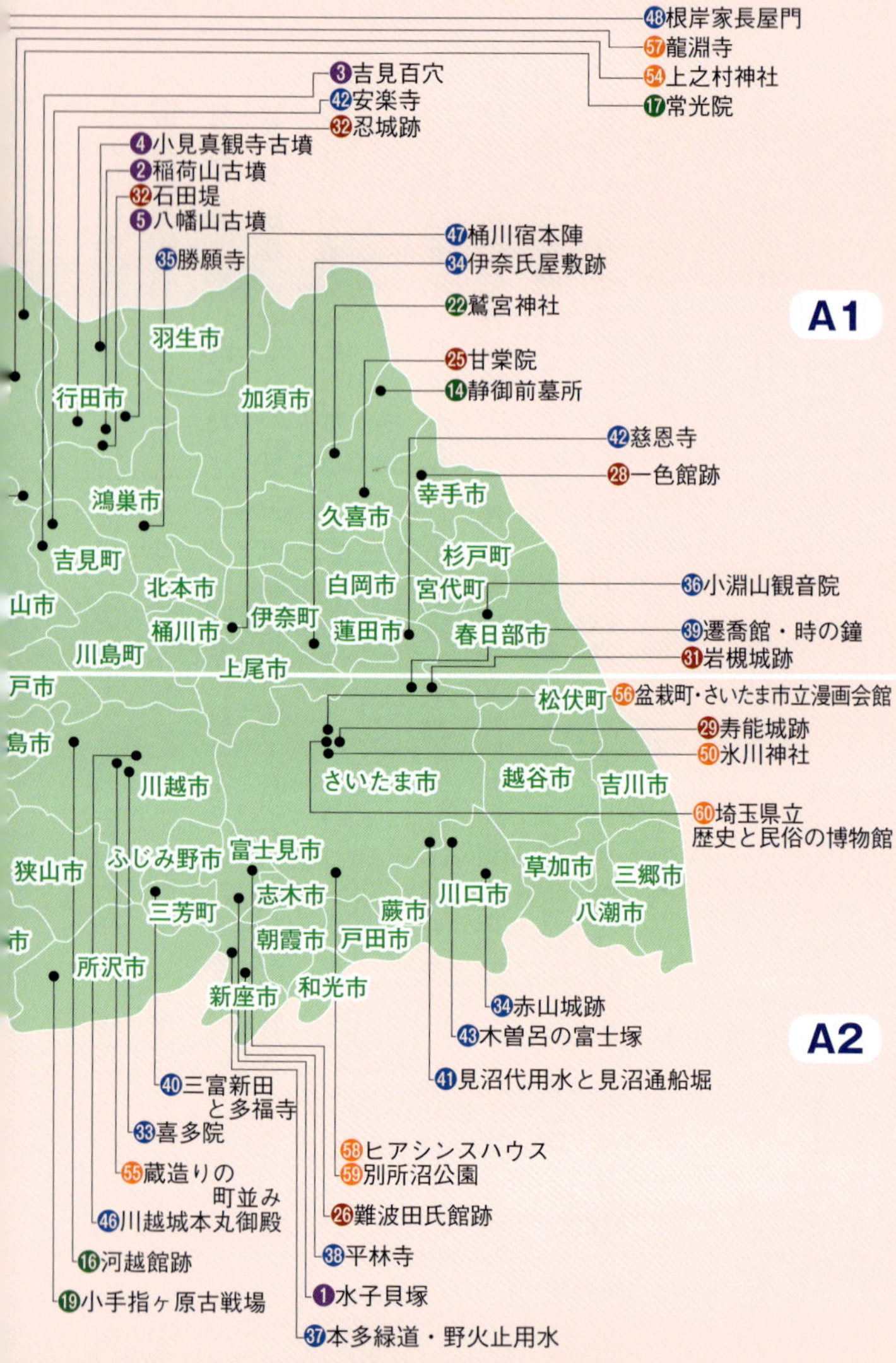
48根岸家長屋門
57龍淵寺
54上之村神社
17常光院
3吉見百穴
42安楽寺
32忍城跡
4小見真観寺古墳
2稲荷山古墳
32石田堤
5八幡山古墳
47桶川宿本陣
35勝願寺
34伊奈氏屋敷跡
22鷲宮神社
A1
25甘棠院
14静御前墓所
42慈恩寺
28一色館跡
羽生市
行田市
加須市
鴻巣市
久喜市
幸手市
杉戸町
吉見町
北本市
白岡市
宮代町
36小渕山観音院
山市
伊奈町
桶川市
蓮田市
春日部市
39遷喬館・時の鐘
川島町
31岩槻城跡
上尾市
戸市
松伏町
56盆栽町・さいたま市立漫画会館
29寿能城跡
島市
50氷川神社
川越市
さいたま市
越谷市
吉川市
60埼玉県立
歴史と民俗の博物館
狭山市
ふじみ野市
富士見市
草加市
三郷市
志木市
川口市
三芳町
蕨市
八潮市
市
朝霞市
戸田市
所沢市
新座市
和光市
34赤山城跡
A2
43木曽呂の富士塚
41見沼代用水と見沼通船堀
40三富新田
と多福寺
33喜多院
58ヒアシンスハウス
59別所沼公園
55蔵造りの
町並み
46川越城本丸御殿
26難波田氏館跡
16河越館跡
38平林寺
19小手指ヶ原古戦場
1水子貝塚
37本多緑道・野火止用水

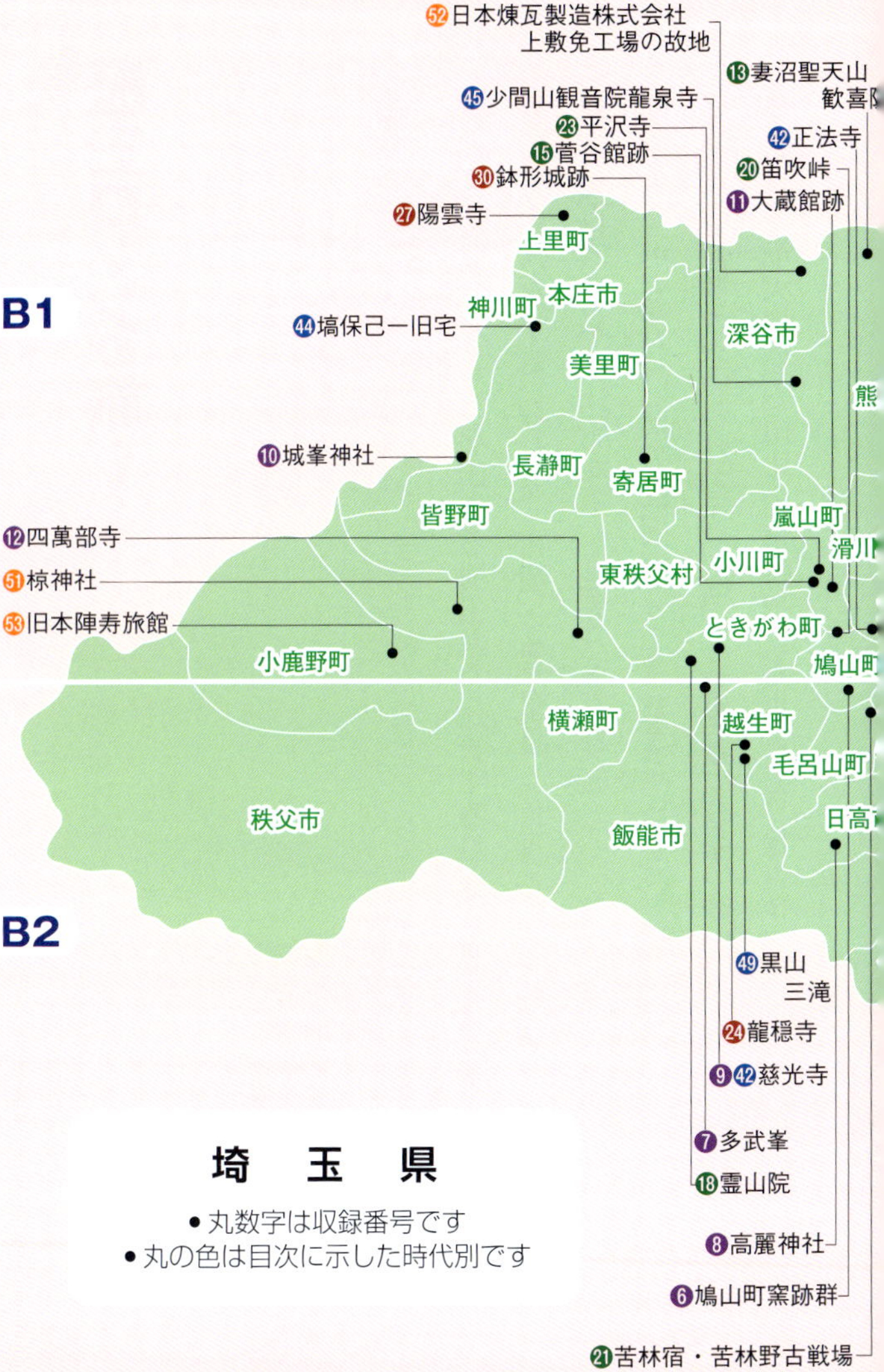

埼　玉　県

- 丸数字は収録番号です
- 丸の色は目次に示した時代別です

わくわく埼玉県歴史ロマンの旅◎もくじ

鎌倉・室町期

戦国期

江戸期

近現代

古代

❶ 縄文の海辺の暮らしを伝える埼玉県を代表する貝塚

水子貝塚（富士見市・地図A2） ◉東武東上線みずほ台駅東口から徒歩20分

最後に氷河が地球を覆っていた時期で最も寒冷であったのが今から二万一千年から一万八千年前とされ、その頃の海岸線は現在より一〇〇メートル以上低下していたといわれている。その後、氷河期が終わって気候が温暖化するにつれて海岸線も徐々に上昇し、そのピークは今から六千五百年から五千五百年前頃と考えられている。この温暖化した時期は関東地方では縄文《じょうもん》時代早期から前期にあたり、海水面は現在より二～三メートル高く、東京湾が現在より内陸へ五〇キロメートル以上も入り込んで、「奥東京湾」を形成していた。この現象を「縄文海進《かいしん》」と呼んでいる。

奥東京湾は入間川《いるまがわ》筋では川越市付近、元荒川《もとあらかわ》筋では蓮田市《はすだし》付近、古利根川《ふるとねがわ》・江戸川筋では杉戸町《すぎとまち》からさらに奥の茨城県古河市《こがし》付近まで達しており、埼玉県

水子貝塚（画像提供：富士見市立水子貝塚資料館）

内にはこの時期に多くの貝塚《かいづか》が形成されている。中でも、春日部市《かすかべし》の花《はな》積《づみ》貝塚や蓮田市の黒浜貝塚・関山貝塚などが著名で、水子《みずこ》貝塚は県南の代表的な貝塚である。

水子貝塚は富士見市大字水子に所在しており、地理的には武蔵野台地の東の縁部に立地している。台地の東は貝塚が形成されたときには奥東京湾が入り込んでいた低地であり、現在は荒川やその支流の新河岸《しんがし》川《がわ》が流れている。台地の現在の標高は一八メートル前後で、東側の低地との比高差は一〇メートル以上あるが、貝塚が形成された頃はさらに比高差のある台地地形であったと考えられる。

大正年間に地元の郷土史家により遺跡として認識されていたが、昭和十二年（一九三七）に貝塚であることを明確にしたのが酒詰仲男《さかづめなかお》（後の同志社大学教授）だった。そして、昭和十三年（一九三八）の東京考古学会による発掘調査と昭和十四年（一九三九）の東京帝国大学理学部（現在の東京大学理学部）人類学教室による発掘調査で貝塚一六カ所とその下の竪穴住居跡が発掘され、水子貝塚が直径約一六〇メートルの環状に小規模貝塚を伴う集落跡であることがあきらかになった。（当時は入間郡水谷村、遺跡は大應寺前貝塚と呼ばれていた）こうして、水子貝塚は全国的に有名となったが、それは酒詰の発掘調査での考古学的な手腕によるところが大きかった（記録が東京大学に残る）。

昭和四十年代になると貝塚周辺には宅地化の波が押し寄せた。富士見市（当時の富士見町）が遺跡の消滅の危機を感じ、地元の理解を得て、ついに貝塚のほぼ全体（約三・二ヘクタール）を国の史跡にして保存することができたのは、実に意義深く、幸いなことであった。

復元住居（画像提供：富士見市立水子貝塚資料館）

その後、貝塚は市により公有化されて水子貝塚公園として整備が進められ、貝塚の表示や竪穴住居復元、そして調査成果を展示する資料館などがつくられた。今では富士見市民のみならず、多くの人々が奥東京湾の縄文時代の暮らしを体感し、親しみながら学び、憩う場として活用されている。

❷ 埼玉を代表する〝登れる〟古墳

稲荷山古墳（**行田市・地図A1**）◉JR高崎線吹上駅から佐間経由行田折返し場等行きバス「産業道路」下車徒歩15分

行田市《ぎょうだし》埼玉《さきたま》の埼玉《さきたま》古墳群は八基の大型前方後円墳と一基の直径一〇八メートルで日本一大きい円墳が現存し、一三・三ヘクタールが国指定史跡になっている。

稲荷山《いなりやま》古墳は埼玉古墳群の中で最も北に位置し、最初に造られた古墳で、五世紀後半の築造と考えられている。それ以前は周辺には古墳が存在していなかったが、突然一〇〇メートルを超える巨大な古墳が造られるようになった。その後連続して七世紀初頭頃までの約百五十年間に、方形で二重周堀《しゅうぼり》をもつ大型古墳が造り続けられた。このことから埼玉古墳群は武蔵地域の中でも最も有力な支配者の墳墓群と考えられる。

稲荷山古墳が発掘されるきっかけは、昭和四十二年（一九六七）に始まった

稲荷山古墳（画像提供：さきたま史跡の博物館）

古墳群の整備事業にあり、建設予定の展示施設の展示資料を収集する目的であった。前方部が昭和十二年頃の土取り工事で破壊されていたため、「実験として掘るにはかえって都合がよい」と考えられた稲荷山古墳が選ばれたのだった。発掘調査は、昭和四十三年（一九六八）に斎藤忠《ただし》を調査団長として実施された。

当初は、埋葬施設を横穴式石室と想定していたため、墳丘側面から調査に入った。しかし、埋葬施設が確認できなかったため、墳頂部《ふんちょうぶ》に調査地点を移したところ、墳頂部のわずか約二〇〜三〇センチメートル下から二つの埋葬施設が発見された。

一つは、素掘りの竪穴に粘土を敷いて棺を置いた「粘土槨《ねんどかく》」と呼ばれるもので、残念ながら盗掘されており出土品はわずかであった。もう一方は、船形に掘った竪穴に河原石を並べて貼りつけ棺を置いた「礫槨《れきかく》」と呼ばれる埋葬施設であった。この上部には稲荷神社の祠《ほこら》があったためか盗掘を免れ、埋葬時の状態のまま鏡・勾玉《まがたま》・大刀《たち》・剣・馬具《ばぐ》などの副葬品が大量に出土した。

その中で埋葬者の左膝外側付近にあたる部分に副葬されていた剣が、十年後に世紀の大発見となった「国宝　金錯銘鉄剣《きんさくめいてっけん》」である。この金錯銘鉄剣は、発掘調査当初は銘があることはわからなかったが、十年経過して劣化が激しくなったため、元興寺《がんごうじ》文化財研究所で保存修理をすることとなった。全長七三・五センチメートルの鉄剣をクリーニング中に金色に光る部分が三カ所発見されたため、急きょX線撮影が行われた。その結果、表に五十七文字、裏に五十八文字の金錯銘（金象嵌《ぞうがん》）があることが確認された。

銘文には、「辛亥《かのとい》年七月」の文字が見てとれる。まだ年号がなかった時代なので、干支《えと》で年代を表している。西暦四七一年とする説が有力で、年代がわかる日本の金石文《きんせきぶん》資料では最古の年代にあたる資料である。次に「乎獲居《ヲワケ》」という人物名がある。そして、乎獲居の最初の先祖が「富比垝《オオヒコ》とあるが、富比垝は、崇神《すじん》天皇のとき四道《しどう》将軍の一人となったとされる人物で、これを初代とし八代の系譜が書かれている。そして、獲加多支鹵《ワカタケル》大王と大王家の代々に大王の警護を行う杖刀人《じょうとうじん》として仕えてきたこと、獲加多支鹵大王の政治の補佐役を行ったことを、剣に金象嵌で記したとしている。

獲加多支鹵大王は、『古事記』・『日本書紀』に記されている大長谷《オオハツセ》若建《ワカタケル》命・大泊瀬《オオハツセ》幼武《ワカタケル》天皇で第二十一代の雄略《ゆうりゃく》天皇と考えられている。また、中国南朝の宋に使いを送り「武《ぶ》」と呼ばれたことなどが、中国の歴史書『宋書《そうじょ》』の記述からわかる。

是非一度、前方部が復原された稲荷山古墳を訪れ、さきたま史跡の博物館に展示された実物の金錯銘鉄剣をご覧いただき、謎の五世紀といわれる時代に浸ってみてはいかがだろうか。

❸ 吉見百穴は墓か住居か？

吉見百穴（吉見町・地図A1）◉JR高崎線鴻巣駅または東武東上線東松山駅からバス「百穴入口」下車徒歩5分

埼玉県のほぼ中央に位置し、いちごの産地としても有名な吉見町《よしみまち》西部の丘陵上に吉見百穴がある。「百穴」は、「ひゃくあな」と「ひゃっけつ」の両方の読み方が使用されているが、正式には「ひゃくあな」が正しい読みとなる。

吉見百穴は、六世紀後半の古墳時代後期に造られた横穴墓《よこあなぼ》である。横穴墓とは、古墳時代の墓制の一つで、前方後円墳などの盛り土をもつ古墳に採用された横穴式石室と同様の埋葬施設をもつもので、丘陵や台地の斜面に横から穴を掘り、遺体を納める墓室を造ったもののことである。

江戸時代には数基が開口しており、その存在が知られていた。明治二十年（一八八七）になって、東京帝国大学理科大学（現在の東京大学理学部）の大学院生であった坪井正五郎《つぼいしょうごろう》を中心にして、地元の有力者であった根岸武香《たけか》・大

吉見百穴（画像提供：吉見町教育委員会）

澤藤助《とうすけ》らの援助を受け、正式な発掘調査が実施された。六カ月にわたった調査の結果、二三七基の横穴墓が確認され、その成果は坪井らが創設した東京人類学会の機関紙『東京人類学会雑誌』に発表された。その当時はまだ横穴の性格がわかっておらず、坪井は「土蜘蛛《つちぐも》と呼ばれた者」が「住居の為に穿《うがっ》た」ものと考えた。しかし、学友であり人類学会の同志でもあった白井《しらい》光太郎《みつたろう》に「横穴ハ純然タル古墳」と反論され、その性格についての論争が起こった。その後、住居説を唱えた坪井の死去と横穴墓発掘調査の事例増加により、古墳時代後期の墓制である説が定説となっていった。

大正十二年（一九二三）には、全国有数の横穴墓であるとして、国指定史跡になった。史跡の範囲には二一九基の横穴が残り、範囲外にも三基が確認でき、現状では計二二二基の横穴が確認されている。ほかにも未調査の横穴の存在が推定されており、実際の総数はさらに増えるものと考えられている。吉見百穴のすぐ近くには県指定史跡の黒岩横穴墓群があり、詳細については不明な点が多いが、吉見百穴より大規模な横穴墓群と推定されている。

明治の発掘調査の後に、埼玉県立松山高等学校郷土部による実測調査が昭和二十九年（一九五四）に実施され、横穴の玄室の形態などが検討された。その結果、遺体を埋葬する玄室内に棺を安置する棺座《かんざ》を造り付けるのが吉見百穴の特徴であることがわかった。

発掘によって出土した遺物には、須恵器《すえき》の高坏や壺のほかに、勾玉《まがたま》・管玉《くだたま》の玉類、金メッキを施した耳飾りである耳環《じかん》、直刀《ちょくとう》や鉄鏃《てつぞく》などの鉄製品があり、その一部は百穴の園内にある土産物店で展示されている。

吉見百穴は、太平洋戦争中に大規模な地下軍需工場が建設され、直径三メートル程の大きなトンネルが掘削され、古墳時代後期の横穴の一部が損壊されてしまっている。工場は、さいたま市にあった飛行機工場の移転先として建設されたものであるが、本格的な製造が始まる前に終戦を迎えたため、実質的な稼働には至らなかったようである。

また、国の史跡でもある吉見百穴は、「吉見百穴ヒカリゴケ発生地」として国指定天然記念物にも指定されている。ヒカリゴケは、緑色の光を放出しているように見えることから名付けられたコケ類の一種である。関東平野における自生地は非常に貴重であり、現在は内部の乾燥化による環境の劣化と保護のため、残念ながら近くまで立ち入ることができない。

百穴の南の丘陵上には、平成二十年（二〇〇八）に国指定史跡となった戦国時代北武蔵地方屈指の平山城である松山城跡もあり、埼玉の歴史を知る上でぜひ訪れていただきたいたい観光スポットである。

❹ 埼玉で最も新しい前方後円墳

小見真観寺古墳（行田市・地図A1）◉秩父鉄道東行田駅から徒歩20分

近年の古墳研究で、前方後円墳は三世紀半ば頃築造が始まり、概ね六世紀いっぱいで造られなくなったことがわかってきた。そして、大型古墳には埴輪《はにわ》の樹立が不可欠だが、前方後円墳の築造終了に先んじて六世紀末に樹立されなくなったことも判明している。

埼玉県には確実に古い時期の前方後円墳は知られていないが、六世紀になると多くの前方後円墳が築かれている。全長が一〇〇メートルを超える規模の県内の大型前方後円墳はそのほとんどが六世紀代の築造だ。

行田市《ぎょうだし》の埼玉《さきたま》古墳群の真北約三・五キロメートル、羽生《はにゅう》に向かう県道の傍らに古刹真観寺《こさつしんかんじ》がある。その堂宇《どうう》の北側に小見《おみ》真観寺古墳が横たわっている。全長一一二メートル、前方部を北西に向けており、後円部は直径約五五メートル、

小見真観寺古墳後円部の横穴式石室（画像提供：行田市郷土博物館）

高さ約八メートルで南に開口する複室構造の横穴式石室と墳頂部の北側に開口する石槨《せっかく》の二つの埋葬施設を有している。いずれも秩父方面で産出する緑泥片岩《りょくでいへいがん》の大形の石材が使われている。前方部は幅約四八メートル、高さ約七メートル。横穴式石室や石槨の出土遺物から後期の前方後円墳であることはまちがいないが、これまで墳丘から埴輪が見つかっていないことから、県内では最も新しい時期（六世紀末頃）の前方後円墳と判断してよさそうだ。

江戸中期、寛政《かんせい》の頃に大間村《おおま》（鴻《こうの》

巣市《すし》）の名主・福島東雄《あずまお》が編纂した『武蔵志』によれば、窟《いわや》（横穴式石室）があり、外方にあった部分を崩して橋石にした旨の記述がある。そして、江戸後期に幕府が編纂した『新編武蔵風土記稿』にも寺の開山の碑（実は板碑《いたび》）を横穴式石室から掘りだした旨の記述がある。

時代が明治に下ると明治政府の内務省による『大日本地誌《だいにほんちし》』には小見古墳として記述され、寛永《かんえい》十一年（一六三四）に寺の堂宇《どうう》を造るために古墳を崩したところ観音と開山の石板碑が出土したこと、明治十三年（一八八〇）に後円部墳頂西側の狐穴を掘ったところ石槨が発見され、頭椎大刀《かぶつちのたち》や甲《よろい》、冑《かぶと》、銅鋺《どうわん》などの遺物が出土し、それらが東京の博物館（現在の東京国立博物館）に展示されていると書かれていて、石槨の発見と遺物の出土の経緯がわかる。

さらに、明治二十三年（一八九〇）には県内の考古学研究の草分けである坪井正五郎の『東京人類学会雑誌』での古墳研究の対象として登場する。石槨発見にかかわり、帝国博物館（現在の東京国立博物館）の町田久成《ひさなり》が調査したことや大里村（熊谷市）の好古家・根岸武香《たけか》が武蔵国造《むさしのくにのみやつこ》笠原直使主《かさはらのあたいおみ》の墳墓と考えていたことも紹介している。

　こうした古い著述の中で、本格的に真観寺古墳の報告を行ったのが大野延太《えんた》郎《ろう》（雲外《うんがい》）である。大野は福井県出身で絵画技術を修めた後、教員などを経て東京帝国大学人類学教室の画工となった。人類学教室でキャリアを積むうちに考古学研究に没入し、明治三十二年（一八九九）の『東京人類学会雑誌』一五三号における真観寺古墳の石室や遺物の挿図付きの報告は、考古学的な調査報告書のはしりといってよい。

　このように真観寺古墳は、昭和六年（一九三一）に国の史跡に指定されるまでに多くの研究者の注目と関心を集めた古墳だった。近年は茨城県の霞ヶ浦周辺や千葉県の利根川下流域に分布する古墳の横穴式石室との類似性が指摘されている。

❺ 関東の石舞台といわれる大円墳

八幡山古墳（行田市・地図A1）◉JR吹上駅から工業団地行きバス「藤原町」下車徒歩5分

八幡山古墳《はちまんやまこふん》は、埼玉《さきたま》古墳群から二・五キロメートル北の行田市若小玉古墳群《ぎょうだしわくだまこふんぐん》に属する県指定史跡である。湿地上に造られていることから、石室や墳丘の基礎を強固にするために、旧地表から、二・五メートルは版築《はんちく》（寺院などの基礎建築で使われる）という当時の最新の技法が採用されている。

昭和九年（一九三四）から開始された小針沼耕地整理事業のため、古墳の盛り土が取り去られて、石室が露出している。天井石には緑泥片岩《りょくでいへんがん》の巨石を乗せた横穴式石室で、その形から「関東の石舞台」と呼ばれている。古墳の規模は、直径八〇メートルの大円墳で現在は公園として保存されている。

副葬品は、須恵器《すえき》フラスコ形 長頸壺《ちょうけいこ》・銅鋺《どうわん》・青銅製八花形棺金具・直刀片《ちょくとうへん》・漆塗木棺片及び銅鋲《どうびょう》・鉄釘《てつくぎ》・銀製弓弭《ゆはず》金物・鉄鏃《てつぞく》などが出土している。これら

八幡山古墳（画像提供：行田市郷土博物館）

の出土遺物から古墳の築造年代は、七世紀前半と考えられている。

出土遺物の中で特に注目されるのが、天皇・皇族クラスの墓にしか使用されない夾紵棺《きょうちょかん》仕様の木棺片の出土である。東日本では唯一の発見例であることから、八幡山古墳の被葬者は限られた人物であったと想定される。『聖徳太子伝暦』（平安時代）によれば、聖徳太子の舎人《とねり》（皇族や貴族に仕えるもの）物部連兄麻呂《もののべのむらじえまろ》が癸巳《みずのとみ》の年（六三三年）が武蔵国造に任じられと書かれており、この人物が埋葬者ではないかとの説もある。

❻東日本最大規模の南比企窯跡群

鳩山町窯跡群（**鳩山町**・地図B2）◉東武東上線・越生線坂戸駅からバス「熊井」下車徒歩10分

秩父《ちちぶ》山地が関東平野に接する鳩山町《はとやままち》付近の標高の低い部分は南比企《みなみひき》丘陵と呼ばれ、荒川の支流である越辺川《おっぺがわ》が南側を、北側を都幾川《ときがわ》が画している。

この丘陵には古墳時代から須恵器《すえき》を焼成《しょうせい》する窯《かま》が造られ始め、十世紀まで操業が続けられている。これらの窯跡群は南比企窯跡群と呼ばれ、窯の数はこれまでに五〇〇基ほどが確認され、東日本最大規模の古窯跡群である。

これまでに発見されている最古の窯は古墳時代後期、六世紀前半の須恵器を焼いた窯跡で、その後七世紀代の窯跡は少なく、散発的な操業が続いたと考えられるが、奈良時代に入る頃には窯の数が増加し、平安時代の九世紀前半にかけては多くの窯が築かれ、生産のピークを迎えている。

この生産の盛んであった時期の窯跡群は丘陵の奥に分布しており、そのほと

赤沼古代瓦窯跡（画像提供：鳩山町教育委員会）

んどが現在の鳩山町に所在している。焼成には窯を築く傾斜地形や粘土も重要だが、最も重要なのは燃料の薪《まき》（森林）の確保といわれている。具体的な記録はないが、生産のピークとなった時期には人里近い部分の森林破壊が進行して、薪を入手しやすい丘陵奥地に操業場所を移動させたのかも知れない。

そしてこの時期に焼成された製品は須恵器を主体としているが、北武蔵各地に寺院建設が行われた時期でもあり、武蔵国分寺の堂宇《どうう》に使われた瓦も焼いていた。鳩山町の泉井《いずい》地区の金沢窯《こんたくがま》や新沼窯《しんぬま》は登窯《のぼり》と呼ばれる傾斜をもったトンネル状の焼成室をもっていて、須恵器と兼業で瓦を焼成している。一方、赤沼地区の雷《いかづち》遺跡では造瓦工房が発見されており、至近に所在する久保瓦窯では、登窯ではなく焼成室に階段状の段を造り、その上に瓦を立てて並べて焼く瓦専用の平窯が発見されている。

疫病の流行や政情の不安定のため天平十三年（七四一）、仏教に帰依した聖《しょう》武《む》天皇が国分寺建設の詔勅《しょうちょく》を発した。武蔵国分寺はこの詔をうけて、八世紀後半の早い時期に堂宇が完成したと考えられている。その武蔵国分寺から出土する瓦には武蔵国の郡名の押印やへら書きされたものがある。例えば「埼」（＝埼玉郡）、「企」（＝比企郡）、「男」（＝男衾郡）、「児玉」（＝児玉郡）、「豊」（＝豊島郡）などである。先述した泉井地区や赤沼地区の窯跡などからも「郡名《ぐんめい》瓦《がわら》」が出土しており、武蔵国各郡に租税と同じように供出が課せられて、この地で焼かれた瓦が約四〇キロメートル離れた国分寺に運ばれたことが確かめられる。

石田１号窯跡出土陶製仏殿（画像提供：鳩山町教育委員会）

南比企窯跡群には開発の波が寄せて、消滅していったものが多い中で、現在、鳩山町赤沼地区に所在する「赤沼古代瓦窯跡」と「石田国分寺瓦窯跡」が県指定史跡として保存されている。前者はその東へ約七キロメートルのところに位置している七世紀後半の創建と考えられる坂戸市の勝呂廃寺へ瓦を供給した窯跡であり、後者は武蔵国分寺の創建期の瓦を焼いた窯跡で、武蔵国内の郡名が記された瓦が出土している。

❼大化の改新の藤原鎌足をまつる仙境

多武峯（ときがわ町・地図B2）◉JR八高線明覚駅、越生駅からバス「西川原」下車徒歩30分

六四五年、中大兄皇子《なかのおおえのおうじ》、中臣《なかとみの》（藤原）鎌足《かまたり》らによって当時朝廷で絶大な権力を握っていた蘇我入鹿《そがのいるか》が暗殺された。飛鳥板蓋宮《いたぶきのみや》で起こったこのクーデターは、蘇我氏の専制政治から天皇を中心とした政治機構へと、体制を刷新しようとするものであった。クーデター後、中臣鎌足は、中大兄皇子の腹心として大化の改新を推し進め、六六八年には中大兄皇子が天智《てんじ》天皇として即位、その翌年、鎌足は危篤となり、当時最高の冠位である大織冠《たいしょっかん》と大臣《おおおみ》の位、そして「藤原」姓を天皇から賜った。そしてその翌日、鎌足はその生涯を終える。

奈良県桜井市にある談山《たんざん》神社は、中大兄皇子と鎌足が大化のクーデターを談合した場所としてその名の由来がある。談山神社の周辺は多武峯《とうのみね》と呼ばれ、明治の神仏分離前は多武峰妙楽寺であった。多武峰の略記によれば、当初摂津《せっつ》国

多武峯遠景

安威《あい》に葬られた鎌足を多武峰に改葬し廟所《びょうしょ》としたことを伝えている。

さて、この読みが難解な「多武峰」と呼ばれる場所が、実は埼玉にもある。比企郡《ひきぐん》ときがわ町西平の山中にある断崖絶壁を有する峰と、かつて修験を司った旧家武藤家の周辺は「多武峯」と呼ばれている。峰の山頂には多武峯神社があり、その裏には塚状の高まりがあって、中世の五輪塔がある。社伝では、慶雲《けいうん》三年（七〇六）大和《やまと》国磯城《しき》多武峰から藤原鎌足の遺髪をうつして祀《まつ》ったのが始まりとされている。『新編武蔵風土記稿』には「…将軍塚ト伝　里人ノ説ニ大織冠鎌足ノ墓ナリト…」とあり、この塚が鎌足の墓として言い伝えられてきたことがわかる。大正十三年（一九二四）、多武峯神社の建設に際し、この塚から中世の蔵骨器《ぞうこつき》とともに焼物の塔「瓦塔《がとう》」片が出土し、昭和三十四年（一九五九）この場所は「多武峯瓦塔遺跡」として県指定史跡に指定された。

瓦塔は、粘土を素材として、寺院の五重塔や堂などを模して焼成されたもので、関東、北陸、東海地方を中心に奈良、平安時代の遺跡から出土する。多武峯の瓦塔は、灰色の硬い須恵器《すえき》質で、塔の屋根や相輪《そうりん》、組物《くみもの》を表した破片約八〇片からなる。関東地方での出土例は二〇〇例を超えるが、多武峯の瓦塔はその中でも古い部類に属し、その年代は奈良時代の八世紀の前半頃と推定されている。鎌足を祀る経緯は伝説の域を出ないものの、社伝にいう慶雲年間に迫る年代の瓦塔の存在は、この地が古くから信仰の地であったことを物語る。

多武峯神社の神職を務める武藤家は、かつては本山派修験の慈眼坊と称され、越生町《おごせまち》の山本坊の配下として外秩父《そとちちぶ》修験道の副先達を務めていた。多武峯は近世まで多武峯大権現と呼ばれたが、明治の神仏分離により多武峯神社となり、武藤家も神職となった。神社がある峰は、南東と南西側が切り立った断崖となっていて、神社への参道も所々に岩盤が露出し、修験の行場としての雰囲気が漂う。山頂には以前、観音堂があったが、明治の頃に焼失してしまい、現在の神社社殿が建てられた。武藤家には、かつての観音堂本尊であった木造観音菩薩坐像や鰐口《わにぐち》、天狗面（いずれも室町時代）、役行者《えんのぎょうじゃ》絵巻（江戸時代）など、修験に関わる数々の文化財が今も保管されている。板碑《いたび》も三一基あり、十三仏板碑や六観音・六地蔵図像板碑などの稀少なものも含まれている。武藤家に残るこれらの文化財からは、修験を中心とした活発な宗教活動が想像される。武藤家の屋敷も母屋、護摩堂《ごまどう》、土蔵、門などで構成された十七世紀の遺構で、石垣を含めた景観は、まさに仙境にある修験の旧家の佇まいを今に伝えている。

❽ 歴代総理も参拝した出世明神

高麗神社（日高市・地図B2）◉JR高麗川駅から徒歩20分、西武秩父線高麗駅から徒歩約45分

高句麗《こうくり》は、新羅《しらぎ》・百済《くだら》とともに「朝鮮三国」として知られる古代国家で、朝鮮半島北部に栄えた。最盛期には朝鮮半島のほとんどをその領土とするほどの勢力を誇ったが、天智《てんじ》天皇七年（六六八）に唐・新羅の連合軍により滅亡し、そのため友好関係にあった日本に渡来してきた人々も少なくなかった。こうした高句麗の遺民を集め、元正《げんしょう》天皇の霊亀《れいき》二年（七一六）に武蔵国に高麗郡《こまぐん》が新設された。その首長となったのが高麗若光《こまのじゃっこう》であった。若光は駿河・甲斐・相模・上総・下総・常陸・下野の七カ国から集められた高句麗の遺民一七九九人を率い、その知恵と技術によって当時はまだ未開の原野であった高麗郡の開拓にあたった。そして若光の没後、彼の遺徳を讃える人々がその御霊を「高麗明神」として祀《まつ》ったものが高麗神社の起源であるといわれている。高麗神社の

高麗神社拝殿（画像提供：日高市教育委員会）

近くには若光の子・聖雲が天平勝《てんぴょうしょう》宝《ほう》三年（七五一）に父の菩提を弔うために建立したと伝えられる聖天院《しょうでんいん》があり、その境内には若光の墓とされる高麗《こま》王廟《おうびょう》がある。

　文献の上では『日本書紀』天智天皇五年（六六六）十月条で、高句麗から派遣されてきた使節の中に「玄武若光」の名が見え、これが若光の日本への渡来を示すものと考えられている。そうだとすれば使節の滞在中に高句麗が滅亡したため、そのまま日本に留まったものかと推測される。さらに『続日本紀《しょくにほんぎ》』文武《もんむ》天皇の大宝《たいほう》三年（七〇三）四月条には「従五位下高麗若光に王の姓を賜う」とあり、高麗神社で祭神を「高麗王若光《こきし》」としているのは、このことによっている。高麗神社の宮司は高麗姓を名乗る若光の子孫が代々務めており、現宮司はその六〇代目にあたる。境内にある高麗家住宅は同家が長らく居宅としてきた建物で、江戸時代初期の民家の代表例として国指定重要文化財に指定されている。このほかにも高麗神社では室町時代後期の建造とされる本殿が県指定有形文化財となっているほか、大般若経（国指定重要文化財）、徳川家康社領寄進状（市指定文化財）、高麗氏系図（市指定文化財）などをはじめ多数の文化財があり、社蔵の古文書は五千点を超える。

設置当初の高麗郡は現在の日高市と飯能市《はんのうし》・坂戸市の一部であったが、中世以降は郡域が東側に拡大していった。近世には現在の日高市・鶴ヶ島市の全域および川越市・飯能市・狭山市・入間市のそれぞれ一部（入間川以西）にまで広がったが、明治二十九年（一八九六）に入間郡に併合された。高麗神社の祭神は、高麗王若光・猿田彦命《さるたひこのみこと》・武内宿禰命《たけうちのすくねのみこと》の三柱である。高麗王若光については既に述べたとおりであるが、猿田彦命や武内宿禰命は旧高麗郡内に多く祀られている白鬚《しらひげ》（白髭）神社の祭神でもある。白鬚神社は、郡内に居住する人々が若光を偲んで高麗神社から分祀したものとされており、白鬚を蓄えるまで長寿であった若光の姿を、猿田彦命や武内宿禰命の白鬚・白髪の姿に重ねたものとの見方もある。なお、『新編武蔵風土記稿』では高麗神社は「大宮社」と記され、「王薨ずる日鬚髪共に白し、仍て白髭明神とも祭しと云々」との記載がある。

明治三十八年（一九〇五）に第二次日韓協約が結ばれると、高句麗がかつて朝鮮半島から中国東北部までを領有していたことにより、高麗神社は朝鮮半島統治に関心を深める軍部や政界から注目され、若槻禮次郎《わかつきれいじろう》・濱口雄幸《はまぐちおさち》・齋藤實《さいとうまこと》・平沼騏一郎《ひらぬまきいちろう》・小磯國昭《こいそくにあき》・鳩山一郎《はとやまいちろう》といった政治家が大正から昭和初期にかけて参拝し、その後総理大臣に就任していることから「出世明神」として知られるようになり、今日でも出世開運の神として多くの参詣者が訪れるところとなっている。また、文学者ら著名人の来訪も多く、坂口安吾には秋の例大祭に奉納される獅子舞を取り上げた『高麗神社の祭の笛』と題する作品がある。

⑨ 国宝や重要文化財を数多く収蔵する埼玉県最古の寺

慈光寺（ときがわ町・地図B1） ◉JR八高線明覚駅、東武東上線武蔵嵐山駅、小川町駅、東武越生線越生駅の各駅からときがわ町路線バスせせらぎバスセンター行き乗車。せせらぎバスセンターから、慈光寺行き「デマンドバス（平日）」または「路線バス（土、日、祝）」に乗換え「慈光寺入口」下車徒歩約35分（一部、慈光寺まで登るバスあり）。

幾多《いくた》の苦難を乗り越え、唐から我が国に戒律を伝え、律宗《りっしゅう》を開いた鑑真和上《がんじんわじょう》（六八八〜七六三）の弟子に道忠《どうちゅう》という人物がいた。道忠は、鑑真の元で戒律を学び、「持戒《じかい》第一」と称された、鑑真の高弟であった。この道忠、上野《こうずけ》の緑野寺（群馬県藤岡市・現浄法寺）、下野《しもつけ》の大慈寺《だいじじ》（栃木県岩舟町）を拠点に東国を中心に民衆への布教と救済に奔走し、人々から菩薩と呼ばれたという。また、天台宗の開祖最澄《さいちょう》からの求めに応じ、二千余巻の写経に協力したことを契機に両者の交流が深くなり、道忠の門下から第二代、三代、四代の天台座主《ざす》、円澄《えんちょう》、円《えん》仁《にん》、安慧《あんえ》を輩出した。八世紀末から九世紀始めの東国における仏教の伝播を考える上で、道忠は外せない人物である。

ときがわ町西平にある慈光寺は、この道忠が開山したとされる天台宗の古刹《こさつ》である。標高三〇〇メートル付近の山内には阿弥陀堂（本堂）をはじめ、観音堂や鐘楼、開山塔などがあり、山岳寺院の佇まいを残している。慈光寺へは麓から車で五分ほどだが、春の桜やシャガ、秋の紅葉など四季折々に楽しめるため、旧道の登り坂を歩くのもいい。また、寺の一番高所にある観音堂は板東観音巡礼第九番札所となっていて、遠方からの参拝者も多い。慈光寺の開基は、寺

慈光寺観音堂への階段

伝では白鳳期《はくほう》にまでさかのぼるとされるが、開山は道忠であり、今も残る開山塔は道忠のために建てられたものだという。鎌倉時代には源頼朝や畠山重忠《はたけやましげただ》をはじめとする武蔵武士からの信仰が篤く、頼朝から奥州征伐祈願のため、愛染明王像《あいぜんみょうおうぞう》が奉納されるなど、頼朝との関係の深さを『吾妻鏡《あずまかがみ》』は伝えている。

慈光寺には優れた寺宝も多い。後鳥羽天皇や宜秋門院《ぎしゅうもんいん》、九条兼実《かねざね》など、九条家ゆかりの人々による法華経一品経（国宝）をはじめ、金銅密教法具や銅鐘《どうしょう》（いずれも国指定重要文化財）、宝冠阿弥陀如来坐像、聖僧文殊菩薩坐像（いずれも県指定文化財）など数々の中世の寺宝を所蔵している。また、慈光寺へ向かう参道、仁王門跡とされる場所には九基の大型板碑が整然と並ぶ。慈光寺が隆盛を誇った中世には、山内に多くの僧坊を擁し、修行僧が集う一大修行道場となっていた。今も周辺の山中には、僧坊跡と思われる人工の平坦地がいくつも確認され、瓦や陶磁器片などが採集されている。

さて、話を道忠に戻そう。道忠のために建てられたという開山塔は、本堂の下段鐘楼《しょうろう》の東、覆堂《おおいどう》の中にある。高さ五・一メートルの宝塔形式をとる木造塔で、国指定重要文化財に指定されている。建物自体の年代は、室町時代天文《てんぶん》年間の頃とされている。江戸時代建立の覆堂の中にあるため、普段は間近で見ることはできないが、さいたま市にある県立歴史と民俗の博物館には同じ木造により原寸大で精巧に復元された復元塔が展示されている。昭和三十九年（一九六四）から行われた開山塔の解体修理に伴う塔下の発掘調査では、地下約一・二メートルから、須恵器《すえき》の蔵骨器《ぞうこつき》が発見され、中には成人一体分の焼骨が納められていた。須恵器の年代は八世紀末から九世紀初頭、道忠が没したのは八世紀末と推定されることから、年代的には一致してくる。ただ、蔵骨器の蓋に使用されていた常滑《とこなめ》焼の甕《かめ》の底部破片が十二世紀頃のものであることから、蔵骨器の埋葬年代は十二世紀以降ということになる。この遺物年代のずれは、遺骨の改葬を示唆しているともとれる。基壇石周辺からは風鐸や扉金具などの前身塔の存在を示す遺物も発見されており、開山塔自体も再建されながら今に至っているため、その間に改葬されたとしても不思議はない。では、道忠が本当に葬られたのか。それを裏付ける決定的な証拠は未だない。

⑩ 将門伝説が残る山上の神社

城峯神社（神川町・地図B1）◉秩父鉄道皆野駅から西立沢行きバス「西門平」下車徒歩約3時間40分

　城峯山《じょうみねさん》は、秩父市《ちちぶし》・秩父郡皆野町《みなのまち》・児玉郡神川町《かみかわまち》の三市町の境界にあり、標高一〇三八メートルの山頂からは三六〇度全方位を見渡すことができる。その登山路のうち、皆野町の西門平《にしかどだいら》から鐘掛《かねかけ》城・石間《いさま》峠を経て城峯山頂に至り、神川町の宇那室《うなむろ》・城峯公園を経て登仙橋《とせんきょう》に下るルート一四・三キロメートルが首都圏自然歩道（関東ふれあいの道）として整備され「将門《まさかど》伝説を探るみち」と呼ばれている。この名が示すように城峯山とその周辺には平将門にちなむ伝説が多く存在し、山頂付近には藤原秀郷《ひでさと》の創建という城峯神社が鎮座する。

　歴史の上では、将門は関東の国衙《こくが》を襲撃して国司の印を奪い、天慶《てんぎょう》二年（九三九）十二月に「新皇《しんのう》」を自称して朝廷に対し東国の独立を標榜したものの、翌天慶三年（九四〇）二月十四日には朝廷の命を受けた平貞盛《たいらのさだもり》・藤原秀郷の

城峯神社（画像提供：秩父市）

連合軍に下総国《しもうさ》の本拠（茨城県坂東《ばんどう》市《し》）を襲われ、討死したとされる。ところが城峯山の伝説では、将門は本拠での戦いから逃走して城峯山にたてこもり、ここで最後の決戦を迎えることになる。秀郷はさまざまに将門を攻めるが、どうしても将門を討ち取ることができないでいた。しかし、将門の愛妾《あいしょう》・桔梗《ききょう》の密告により、ついに将門は捕らえられ、首をはねられたという。そして、桔梗の裏切りを知った将門の怨念により、それ以後城峯山ではキキョウの花が咲かなくなったと伝えられている。

⑪ 木曽義仲の父・源義賢の居館跡

大蔵館跡（**嵐山町・地図B1**）◉東武東上線武蔵嵐山駅からJR明覚駅経由ときがわ町役場第二庁舎行きバス「大蔵神社」下車すぐ

比企郡嵐山町大蔵《ひきぐんらんざんまちおおくら》に所在する大蔵館跡は、槻川《つきがわ》と都幾川《ときがわ》の合流点の東、川の南岸の北側に開けた台地上に東西一七〇メートル、南北二一五メートルのほぼ方形の館で南側は県道工事で破壊されてしまったが、現在でも土塁や空堀が残されている。この遺構の南西隅の一段高い土塁上に現在、大蔵神社があり館の中心的な郭《くるわ》であったと考えられる。この土塁は高さ約二メートル、空堀は底幅四〜五メートルあり、土塁上部までは四メートルの規模をもっている。

昭和五十八年（一九八三）から数度にわたる発掘調査により十三世紀末から十四世紀前半の井戸跡、掘立柱建物跡が確認され、土師質土器《はじしつどき》などの遺物も出土しているが、源義賢《よしかた》の居住した時期と直接に結びつく遺構や遺物は確認されていないようである。しかし館跡周辺には御所ケ谷、高見蔵などの地名が残さ

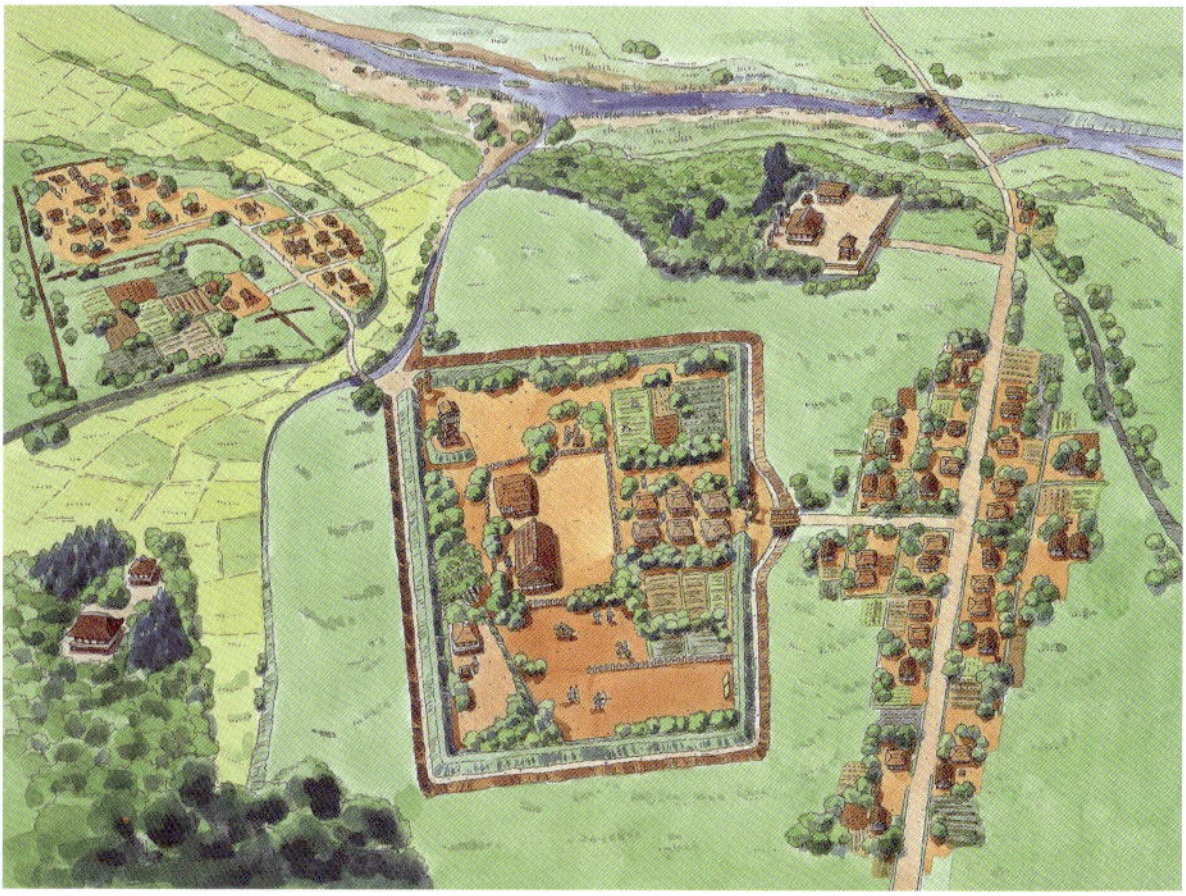

復元イラスト　大蔵館跡（画像提供：嵐山町）

れ、周辺には義賢に関わる史跡も点在している。

さて、この館の主である源義賢は、源為義《ためよし》の次男として生まれ、鎌倉に幕府を開いた源頼朝の叔父にあたる。近衛《このえ》天皇の東宮《とうぐう》（皇太子）時代に朝廷に仕えて帯刀《たてわき》の長となっていたので、帯刀先生《たてわきのせんじょう》または上野《こうずけ》国多《た》胡《ご》荘（群馬県吉井町）を領していたので多胡先生《たごのせんじょう》とも称した。『平家物語』や鎌倉幕府の事績を記した『吾《あ》妻鏡《ずまかがみ》』などによると、はじめ多胡荘にいた義賢は武蔵国への勢力拡大を図るため、畠山重忠《はたけやましげただ》の大叔父にあたり河越《かわごえ》氏の祖である秩父重隆《ちちぶしげたか》と組んでその養子となり、この大蔵館を居館とした。しかし源義賢が上野国から移り住んで二年後の久寿《きゅうじゅ》二年（一一五五）八月十六日、義朝《よしとも》の子で義賢の甥にあたる悪源太義平《あくげんたよしひら》のために義賢と重隆が殺されてしまうという事件がおきた。これは大蔵合戦と呼ばれているが、その要因は比企地域に勢力をはった源義賢に対して、武蔵国への進出を図っていた畠山重忠の祖父で重隆の兄にあたる重弘と義賢の兄である源義朝が手を結び、武蔵国をめぐる秩父一族と源氏同士の勢力争いから引き起こされたものであった。この合戦により武蔵国は源義朝の勢力下に入り、多くの武蔵の武士たちは義朝の配下に加わり、京都で起こった保元《ほうげん》の乱（保元元年・一一五六）、ついで平治《へいじ》の乱（平治元年・一一六〇）に義朝の軍勢として加わっている。

一方、この合戦で父義賢を殺された当時二歳であった駒王丸《こまおうまる》は、齋藤別当実《べっとうさね》盛《もり》の計らいで信濃国木曽（長野県）に逃れ乳母の夫である中原兼遠《かねとう》のもとで養育され、治承《じしょう》四年（一一八〇）に以仁王《もちひとおう》の令旨《りょうじ》に応じて挙兵し、いち早く平家を京都から追い落とした源義仲《よしなか》（木曽義仲）となるのである。義仲は、その後、後白河院《ごしらかわいん》と対立し源頼朝が派遣した弟の範頼《のりより》・義経《よしつね》の軍勢に近江粟津《あわづ》（滋賀県大津市）で敗死している。

大蔵館の周辺には義賢に関連する史跡として、館の東方二〇〇メートルのところに義賢の墓とされる五輪塔《ごりんとう》がある。高さ一〇六センチメートル、比企丘陵で産出する凝灰岩《ぎょうかいがん》で造られている。かなり風化や破損をしているが全体の形態から鎌倉時代と考えられる。五輪塔は、密教《みっきょう》の五大の思想を塔婆にしたもので、世の中のあらゆるものは空・風・火・水・地の五つからなりたつ、という考えに基づいている。古くから義賢の墓として供養されたらしく、江戸時代に編さんされた『新編武蔵風土記稿』にも「帯刀先生義賢の墳墓なり」と記載されている。また西方一・五キロメートルにある鎌形八幡神社の境内には義仲産湯の井戸があり、子息木曽義仲が誕生したときに使用したと伝えている。

⑫ 四万部の経典を誦えたことに由来する観音霊場の寺

四萬部寺（**秩父市**・地図B1）◉西武鉄道西武秩父駅から定峰・皆野駅（三沢経由）行きバス「札所一番」下車すぐ

誦経山四萬部寺《ずきょうさんしまぶじ》は、室町時代の応仁《おうにん》の乱（一四六七〜一四七七年）以後に編成された秩父観音霊場《かんのんれいじょう》（札所《ふだしょ》）寺院の一つである。ただし寺の開山は、平安時代にまでさかのぼるという。寛弘《かんこう》四年（一〇〇七）三月十三日、書写山《しょしゃざん》において、性空上人《しょうくうしょうにん》（天台宗僧侶。西国三十三所霊場の一つ圓教寺《えんきょうじ》を創建）が、弟子の幻通《げんつう》に次のように告げた。「武蔵国の秩父に行基《ぎょうき》によって開創された観音堂があるのだが、衰退してしまった。このことを、観音さまは霊鳥《れいちょう》を使者にして私に啓示《けいじ》された。このため、本来ならば私が四万部の経典を秩父の観音堂で誦《とな》えなければならないが、この志を果たすことが出来ない。あなたが秩父へ行き、人々を教え導いて迷いから救い、霊験あらたかな観音堂の復興に努めなさい」と。幻通は、師の教えに従い秩父に赴《おもむ》き、四万部の経典を誦え供養塚を

四萬部寺の観音堂（画像提供：秩父市教育委員会）

建て、人々に仏《ほとけ》の教えを広めた。この伝承から、山号は経典を誦えたこと、寺号《じごう》は供養塚の名に由来するという。

四萬部寺では、毎年八月二十四日に大施餓鬼会《おおせがきえ》（弔《とむら》う者のない無縁《むえん》の亡者《もうじゃ》のために飲食物を施《ほどこ》す法会《ほうえ》）が行われる。古くから関東の三大施餓鬼の一つとして知られ、この日は秩父の僧侶は宗旨を問わず参集する。

また、午歳《うまどし》には本尊の開帳がなされ、大いに賑わう。現在の観音堂（県指定文化財）は、元禄《げんろく》十年（一六九七）建立の建造物である。

コラム

埼玉県の「食文化」

SAITAMA

和食のユネスコ無形文化遺産登録によって、日本人の伝統的食文化に注目が集まっている。和食の特徴のひとつはその多様性で、土地ごとの自然や歴史を背景として、各地で特徴ある食文化が育まれてきた。

ここでは埼玉の貴重な蛋白源であった淡水魚の食文化から、河川中・下流域を代表する鯉《こい》と鮒《ふな》を紹介する。

鯉は、鯛が流通する以前には格別の御馳走として、特に婚礼には付き物であった。二尾の鯉を腹合わせにしたものを披露宴の場に置き、子孫繁栄を願うことも行われた。県東部では、元気な子供の誕生を願って妊婦へ鯉を贈る風習もある。鯉料理の代表格は、あらい、甘煮《うまに》、鯉こくなどで、現在でも川魚料理店等で食べることができる。一方の鮒は、今日ではあまり食されることがなくなったが、かつては鯉よりも日常的に食されていた。昭和 30 年頃まではあらい、ぬた、てんぷら、たたきなど、調理法も多彩であった。歳末に、水を抜いた用水の水溜まりを掻い出す漁、カイボリで捕れた鮒を焼き干しにして保存しておき、正月用の甘露煮《かんろに》や昆布巻きの材料とすることも多かった。埼玉県東南部では、祭礼の供物として、また儀礼食として鮒が欠かせない地域も多く、焼き鮒や甘露煮、ぬたなどが用いられた。

鎌倉・室町期

⑬ 七年の歳月をかけて甦った極彩色の国宝

妻沼聖天山歓喜院（**熊谷市・地図B1**）◉JR熊谷駅から太田駅・妻沼聖天前等行きバス「妻沼聖天前」下車徒歩1分

歓喜院《かんぎいん》は利根川南岸の熊谷市妻沼《くまがやしめぬま》に所在し、聖天山《しょうでんざん》歓喜院長楽寺《ちょうらくじ》と号し、高野山真言宗《しんごんしゅう》の準別格本山である。日本三大聖天様の一つとして知られ、地元住民からは「（妻沼の）聖天様」と呼ばれ厚い信仰を集めている。

聖天山の開基は、この地を治めていた斎藤実盛《さねもり》が治承《じしょう》三年（一一七九）にその守り本尊である大聖歓喜天《だいしょうかんぎてん》を祀《まつ》り、聖天宮を開いたことに始まる。実盛は、越前国の出身といわれ、武蔵国幡羅郡《はらぐん》の長井庄司斎藤実直《さねなお》の養子となり当地に住んだ。保元《ほうげん》の乱では源義朝《よしとも》に従って活躍したが、平治の乱で義朝が敗れると平宗盛に仕えた。源頼朝の挙兵後も平氏への恩義を忘れず、寿永《じゅえい》二年（一一八三）加賀国篠原《しのはら》（石川県加賀市）での木曽義仲軍との戦いにおいて、討ち死にした。『太平記』の時代、実盛の子孫と長井庄は、再び歴史の舞台に登場する。北畠《きたばたけ》

歓喜院 聖天堂（画像提供：熊谷市）

顕家《あきいえ》は、後醍醐《ごだいご》天皇に叛旗を翻した足利尊氏を討つため京都を目指したが、増水した利根川渡河に躊躇した。長井庄付近の地形を熟知する斎藤実永《さねなが》・実季《さねすえ》兄弟は、先陣を競って激流にのまれて溺死してしまった。しかし、北畠軍は斎藤兄弟の勇猛さに鼓舞されて利根川を渡河して足利軍を撃破したという。この模様は、県指定文化財「太平記絵巻」第七巻に活写されている。

実盛没後の建久《けんきゅう》八年（一一九七）に実盛の次男実長が出家して良応僧都となり、頼朝の聖天宮参詣の機会に伽藍造営を願い出て許され、聖天宮を守る別当寺として歓喜院を建立した。

戦国時代から江戸時代初めにかけて、忍《おし》城主成田氏や徳川家康などの庇護を受け、何度か再建されたが、寛文《かんぶん》十年（一六七〇）の妻沼の大火で主要な建物を焼失した。享保《きょうほう》五年（一七二〇）に歓喜院院主海算《かいさん》が再建を発願し、地元の大工林兵庫正清《はやしひょうごまさきよ》が広く民衆の寄進を募り、享保二十年（一七三五）聖天堂の再建に着手した。途中、利根川の大洪水など度重なる水害のために工事の中断を余儀なくされ、正清は完成を見ずに他界するが、その子、正信が工事を引き継ぎ、宝暦《ほうれき》十年（一七六〇）に完成させた。

聖天堂（本殿）は、拝殿と奥殿を中殿でつないだ権現造の形式の建物である。平成十五年（二〇〇三）から約七年間の歳月と周辺整備を含めて総工費約一三億五千万円の巨費をかけ、建立後初めてとなる大規模改修が行われ、当時の華麗な姿がよみがえった。平成二十三年（二〇一一）六月一日から保存修理が終了した聖天堂が一般に公開され、翌平成二十四年七月、埼玉県としては五件目、県内建造物としては初めての国宝に指定された。

これまで知られていた彫刻技術の高さに加え、五種類（黒・赤・黄・緑・こげ茶）の漆の使い分けなどの高度な技術が駆使された近世装飾建築の頂点をなす建物である。特に奥殿は多彩な彫刻技法を用い、さらに色漆塗りや金箔押など極彩色を施してきらびやかに飾る。また、そのような建物の建設が民衆によって成し遂げられた点が、我が国の文化史上高い価値を有すると評価されたものである。

歓喜院の境内に入り正面に見えてくる貴惣門《きそうもん》も国指定の重要文化財である。岩国藩（山口県）の藩士、長谷川重右衛門《じゅうえもん》が設計をし、正清の子孫である正道が嘉永《かえい》四年（一八五一）に竣工した。屋根を上下二重とし、下は前後二つの切妻屋根を架け、側面からみると三つの破風《はふ》（山形の部分）をもつという特殊な形式をした門である。

聖天堂が国宝に指定されて以来、歓喜院には多くの観光客が訪れている。平成十七年には、地元・妻沼の文化や歴史を広く学びたいという有志が集まって「阿うんの会」を設立し、現在、ガイドボランティアとして熱心に活動している。

⑭ 栗橋の地に眠る悲劇の女性、静御前

静御前墓所（久喜市・地図A1） ◉JR宇都宮線・東武日光線栗橋駅東口から徒歩1分

源《みなもとの》義経《よしつね》の愛妾《あいしょう》として広く知られている静御前《しずかごぜん》については、鎌倉時代の史書である『吾妻鏡《あずまかがみ》』からその生涯を垣間見ることができる。しかし、『吾妻鏡』以外には彼女について史料の記録は見つかっておらず、その生涯は現在に至るまで詳しくわかっていない。そのため、義経との悲劇的な恋や謎多き彼女の生涯が人々の想像を掻き立て、後世には能や浄瑠璃、物語といった作品の恰好の題材となった。

『吾妻鏡』によると、静は母の磯禅師《いそのぜんじ》とともに京都で歌舞やそれらを舞う芸人である白拍子《しらびょうし》をしており、とりわけ舞の名手であったとされる。そして、たまたま京都に来ていた義経の目にとまったといわれている。

文治《ぶんじ》元年（一一八五）十一月、平氏を滅ぼした義経が異母兄である源頼朝と

静御前の墓（写真奥）と静桜（画像提供：久喜市栗橋観光協会）

対立し京都から逃亡する際に、静も随行する。しかし、吉野の山中で義経と別れた後、京都に戻ろうと山中をさまよっている途中で捕えられ、尋問を受けた後、翌二年に鎌倉に送られた。

鎌倉に送られた静は、四月に鶴岡八幡宮において頼朝夫妻の命により白拍子の舞を舞い、「よし野の山みねのしら雪ふみ分けて　いりにし人のあとぞこひしき」、「しづやしづしづのをだまきくり返し　昔を今になすよしもがな」と義経を恋い慕う歌を歌った。頼朝はこれを聞いて憤慨したが、妻政子により宥められたと伝えられる。

その年の閏七月に静は男児を出産するが、子供は生後間もなく殺されてしまう。出産後に京都へと帰されることとなっていたため、九月に磯禅師と京都に向かったと『吾妻鏡』には記されている。しかし、その後の静の様子は記されておらず、京都付近で生涯を閉じたといわれているが、香川や新潟、岩手など全国各地にその後の静に関するさまざまな伝承が残されている。

久喜《くき》市《し》栗橋《くりはし》にも、静御前の墓と伝えられる場所が存在する。江戸時代に編纂された地誌『新編武蔵風土記稿』には伊坂村に「静女墳《しずかめのはか》」という項目がある。それによると、静は鎌倉を出た後、侍女琴柱《ことじ》と義経のいる奥州を目指した。利《と》根川《ねがわ》を渡り下総国葛飾郡下辺見《しもへみ》（茨城県古河市《こがし》）の辺りまで行ったが、その地で義経が既に討ち死にしたと聞く。悲嘆にくれた静は北へ向かうか都に戻るかを考えた。静が思い悩んだとされる場所は現在、思案橋《しあんばし》（古河市）と呼ばれている。静は京都へと戻ることにし、栗橋まで引き返して来たが、長旅の疲れからかこの地で倒れそのまま亡くなってしまう。そのため、琴柱は当時この地にあった高柳寺に静の遺品を納め、亡骸を葬り一株の杉を植えて墓碑としたとされている。

その場所には、近世中期頃までは一本杉の根元に塚があり、その頂に正元《しょうげん》元年（一二五九）銘の青石塔婆が建てられていたと伝えられている。江戸時代後期になると、享和《きょうわ》三年（一八〇三）に当時の関東郡代であった中川忠英《ただてる》によって「静女之墳」の石碑建立や、句碑が村人達によって建立されるなど、静の墓が改めて地域の人々に認識されるようになる。さらに、明治二十年（一八七七）に「静女塚碑」が地域の人々によって建立されるなど静の伝説が地域に定着していた様子がうかがえる。現在は塚の面影はないが、杉のかわりに植えたとされるイチョウの木、中川忠英や村人達によって建立された石碑が残っている。

静の命日は九月十五日と伝えられており、毎年九月十五日には静御前遺跡保存会によって静御前墓前祭が執り行われている。義経を思いながら栗橋の地に眠る彼女の伝承は、人々によって現在まで伝えられ、守られているのである。

⑮ 坂東武士の鑑《かがみ》と称された名将の館跡

菅谷館跡（嵐山町・地図B1）◉東武東上線武蔵嵐山駅西口から徒歩15分

菅谷《すがや》館《やかた》跡は、槻川《つきがわ》が都幾川《ときがわ》に合流する北側台地上にあり、南にある大蔵館跡（⑪参照）と都幾川を挟んだ位置にある。『吾妻鏡《あずまかがみ》』の元久《げんきゅう》二年（一二〇五）六月二十二日の条に、北条氏と対峙するため二俣川《ふたまたがわ》（横浜市旭区）に向かった畠山《はたけやま》重忠《しげただ》が五月十九日に「男衾《おぶすま》郡《ぐん》菅谷館を出」と記され、この菅谷館跡が鎌倉時代の初めに重忠が館を構えた場所と伝えられている。

現在みられる館跡は、約一三万平方メートルの規模をもち本郭《ほんぐるわ》、南郭、二の郭、三の郭、西の郭の五つの郭とそれらを防御する土塁と空堀からなる。戦国時代に数回にわたる改築があり、その都度規模を拡張して現在の城構えになったといわれている。この「城構え」は東と西を浸食谷に、南を都幾川を見下ろす崖上にある要害の地に築かれ、やや防御の薄い北側に各郭を配置し本郭を中心に

菅谷館跡全景（画像提供：嵐山町）

扇状の形をしている。また本郭の土塁は堀底から九〜一〇メートルで斜面は急勾配となっている。

この館の主である畠山重忠は、鎌倉時代初期の武蔵武士で長寛《ちょうかん》二年（一一六四）に現在の深谷市《ふかやし》畠山で生まれた。畠山氏は桓武平氏《かんむへいし》の平良文《たいらのよしふみ》の子孫で、いわゆる坂東《ばんどう》八平氏の中の秩父《ちちぶ》氏族である。重忠の父である重能《しげよし》の代になって畠山庄司《しょうじ》として畠山に移り住み畠山氏を名乗った。重忠は、治承《じしょう》四年（一一八〇）の源頼朝の挙兵の際は平氏方に属して三浦氏を攻めたが、房総（千葉県）を平定した頼朝が武蔵に入ると頼朝に服属した。そして富士川の戦い、一の谷の戦い、壇ノ浦の戦いなど平氏との主要な合戦に参加し、平家滅亡後の文治《ぶんじ》五年（一一八九）の奥州《おうしゅう》合戦では先陣をつとめるなど、重忠の武勇と謹厳な性格は頼朝の厚い信頼を得ることになった。しかし、鎌倉に幕府を開いた頼朝が正治《しょうじ》元年（一一九九）に死去すると、幕府の権力を握ろうとする北条氏らにより、挙兵以来頼朝に従い信任の厚かった有力御家人たちがつぎつぎと滅ぼされていった。やがてその矛先は重忠にも向けられ、冒頭に記したように、謀反の疑いを掛けられた重忠は元久二年（一二〇五）六月に菅谷館から鎌倉に向かう途中の二俣川の地で、幕府軍に討たれてしまうのである。

菅谷館にかかわる歴史上の記述は、ほとんどなく、不明な点が多いが、わずかに長享《ちょうきょう》二年（一四八八）に、付近の須賀谷原《すがやはら》において合戦が繰り広げられたことが万里集九《ばんりしゅうく》の『梅花無尽蔵《ばいかむじんぞう》』に記されている。それによれば、集九は長享二年八月十七日に平沢山（嵐山町《らんざんまち》）に滞陣していた山内上杉顕定《やまのうちうえすぎあきさだ》方の太田資康《すけやす》のもとを訪れ、そこで去る六月十八日に須賀谷で山内上杉氏と扇谷《おうぎがやつ》上杉氏の軍勢が合戦を交え死者七百人余りのほか数百頭の馬を失ったことを知ったという。この時点での菅谷館の構えは不明であるが、合戦後、資康は西方一・六キロメートルにある平沢寺《へいたくじ》の明王堂に布陣していたことが記され、菅谷館に居住しなかったようである。また年代は不明であるが長楽寺（群馬県太田市）の僧松陰が記した『松陰私語《しょういんしご》』の中に、資康が河越城に対抗するために須賀谷城（菅谷城）を再興して鉢形城《はちがた》（寄居町《よりいまち》）を固めるべきことを上杉顕定に献策した、とある。菅谷館は、現在までに部分的に発掘調査を実施しているが、出土した遺物の年代は十五世紀から十六世紀にかけてのものが多く記載と時期がほぼ一致しており、この時期に何らかの改修が実施されたことを裏付けている。

その後の菅谷館の動向を示す史料はないが、現在の縄張りから戦国時代の城郭とされ、北条氏の支配のもと北にある鉢形城と南にある松山城などの拠点の城を結ぶ城として機能していたようである。

なお、館跡内には昭和五十一年（一九七六）に開館した埼玉県立嵐山史跡の博物館があり、比企《ひき》地域を中心とした歴史資料の展示や調査研究を行っている。

⑯ 発掘でわかった河越館跡と河越氏の盛衰

河越館跡（**川越市**・地図A2）◉東武東上線霞ケ関駅から徒歩15分

河越氏は桓武平氏《かんむへいし》の平良文《たいらのよしふみ》の子孫で、秩父《ちちぶ》氏を名乗った重綱《しげつな》の子の重隆《しげたか》の代に始まる。自らの土地を後白河《ごしらかわ》上皇が永暦《えいりゃく》元年（一一六〇）に創建した京都新日吉社《いまひえしゃ》に荘園として寄進し、荘園を管理する荘司《しょうじ》として河越氏を名乗ったとされ、河越館跡のある上戸《うわど》には、京都新日吉社から分祀された神社が上戸日枝神社として今も残っている。

重隆の孫重頼《しげより》は、頼朝が平氏に対して挙兵したときには平氏方として戦ったが、すぐに頼朝方に属し、やがて源氏方の有力武将として頼朝の信頼を得るようになった。その信頼から、重頼の娘は頼朝の媒酌《ばいしゃく》によって義経の正妻となっている。しかしながら、やがて頼朝と義経の不仲が決定的になるに及び、義経の縁者として重頼の所領は没収され、長男の重房《しげふさ》とともに滅ぼされてしまう。

河越館想像図（画像提供：川越市教育委員会）

その後、次男、三男は許され、三男重員《しげかず》の子孫は室町時代まで栄えた。子孫の河越直重《なおしげ》は、応安《おうあん》元年（一三六八）、武蔵・相模などの平氏とともに「平一揆《へいいっき》」を組織して河越館に籠もり、室町幕府の関東を治める機関「鎌倉府」に対し、「平一揆の乱」を起こす。しかし、この戦いに敗れ、河越氏は表舞台から姿を消してしまう。

遺跡としての河越館は、入間川《いるまがわ》が北から東に流れを変える屈曲部の左岸に位置し、周辺には前方後円墳の「牛塚《うしづか》」を中心とした的場《まとば》古墳群、古代の入間郡家《ぐうけ》の有力候補地 霞ヶ関《かすみがせき》遺跡、さらに南方には「驛長《えきちょう》」と墨書《ぼくしょ》された土器が出土し、東山道武蔵路《とうさんどうむさしみち》に関係すると考えられている八幡前・若宮遺跡などがある。河越館跡の西側には鎌倉街道も通り、古くから政治の中心、水陸の交通の要衝地帯であった。

昭和五十九年（一九八四）に国指定史跡に指定され、発掘と整備が進められ、平成二十一年（二〇〇九）に史跡公園として開園。調査の結果、三期の変遷が確認されている。第一期は河越氏が館を構え、平一揆の乱で破れて館を去るまで、十二世紀後半から応安元年（一三六八）までの「河越氏の時代」。周辺に道路の巡る堀で囲まれた東西一〇〇メートル、南北七五メートル程の方形区画内から、掘立柱建物、井戸、霊廟と考えられる塚状遺構などが発掘されている。

第二期は十四世紀後半から十五世紀後半までの「常楽寺《じょうらくじ》の時代」。常楽寺は河越氏の持仏堂《じぶつどう》が起源といわれる時宗《じしゅう》の寺院で、河越氏が衰退した後、寺域を広げたと考えられている。第一期の河越氏の遺構の西側に、道路を挟んで土塀あるいは板塀の基礎と考えられる溝で囲まれた区画が確認されている。板碑《いたび》・

五輪塔・宝篋印塔《ほうきょういんとう》、茶臼《ちゃうす》・風炉《ふろ》（茶道具）、銅製花瓶《けびょう》（仏具）などが出土しており、第一期の河越氏の頃から続く墓域と考えられている。

第三期は十五世紀末〜一五〇五年頃の「上戸陣《うわどじん》の時代」。明応《めいおう》六年（一四九七）になり、山内上杉《やまのうちうえすぎ》氏・古河公方足利《こがくぼうあしかが》氏は、扇谷《おうぎがやつ》上杉氏の拠点である河越城（現川越市立博物館付近）を攻めるため、軍を駐留させる陣所（上戸陣）を築き、およそ八年間維持した。戦国時代の戦記物語『松陰私語《しょういんしご》』によると約三千騎が駐留したといわれている。史跡内に今も残る土塁もこの時代のものと考えられている。上戸陣直前期の板碑や宝篋印塔が捨てられた状態で井戸や堀から発見されており、常楽寺の寺域の一部を片付けて陣を築いたと思われる。

その後、天文《てんぶん》十五年（一五四六）に後北条氏が河越夜戦で両上杉氏を破った後、後北条氏の重臣の大道寺《だいどうじ》氏が河越城の城代として、この地も支配したと思われる。天正《てんしょう》十八年（一五九〇）、秀吉の小田原攻めに破れ、常楽寺で自刃した大道寺政繁《まさしげ》の墓（宝篋印塔）が常楽寺にある。隣接する上戸小学校に出土品の資料展示室があり日曜日の午前一〇時〜午後三時まで公開している。

⑰ 鎌倉幕府を支えた御家人の館

常光院（熊谷市・地図A1）◉JR高崎線熊谷駅から葛和田行きバス「竹の内」下車徒歩3分

熊谷《くまがや》市《し》上中条《かみちゅうじょう》、平地林に囲まれ落ち着いた佇まいを見せる一角に天台宗の古刹《こさつ》・常光院《じょうこういん》がある。ここは鎌倉幕府の御家人・中条《ちゅうじょう》氏の居館跡と伝えられる場所で、約三分の一を占める常光院境内地を含め、遺構は県指定の史跡となっている。境内の北を浄蓮寺川《じょうれんじがわ》が流れ、その分流の掘割《ほりわり》や土塁が残っており、鎌倉時代の館の姿をよくとどめている。建久《けんきゅう》三年（一一九二）の創建、正式には龍智山毘盧遮那寺《りゅうちさんびるしゃなじ》常光院という。熊谷の厄除大師として尊崇を集める。

中条氏はここ中条を名字の地とした御家人であった。幕府草創期にその礎を築いたのが中条家長《いえなが》（一一六五～一二三六）である。

家長は、治承《じしょう》四年（一一八〇）に源頼朝が伊豆で挙兵した折、一六歳で石橋山合戦に加わった。続いて一の谷合戦、壇ノ浦合戦、奥州藤原氏追討などに軍

常光院本堂（画像提供：熊谷市）

功を挙げる。武功のみならず、政務においても手腕を認められ幕府の評《ひょう》定《じょう》衆《しゅう》の一人となり御成敗式目《ごせいばいしきもく》の制定にも参画した。また執権北条《しっけんほうじょう》氏との関係も良好であった。四代の将軍に仕え、嘉禎《かてい》二年（一二三六）、七二歳で没した。

　中条氏の出自については二つの説があり、それは常光院の創建に深くかかわる問題である。一つは藤原氏の支流、日野実光《さねみつ》の子である常光《つねみつ》が武蔵へ下向し中条に居を構え、郡の小領の娘との間にもうけた子が家長の父であるとする説である。家長が祖父である中条常光の菩提を弔うために館を寺としたのが常光院であるとする。ただし、常光については常光院に伝わる系図以外では実在を確認できない。一方、『吾妻鏡《あずまかがみ》』などの記録によれば、家長は武蔵七党の一党である横山党の一族、義勝坊成尋《ぎしょうぼうじょうじん》の子である。義勝坊成尋は中条の開墾・開発を推進した人物で、伊豆での挙兵以前から頼朝の側近であった。のち家長は常陸《ひたち》の御家人・八田知家《はったともいえ》の猶子《ゆうし》になっている。

これら異なる二つの説から見えてくることは、名字の地に父祖の墓所をもつということが、その地における一族の勢力の正当性を示すものであり、菩提寺の開創は必然だっただろうということである。さらに、都から下った貴人とその土地の有力者の娘との婚姻により生まれた子が、その土地を支配するという一族の成り立ちは、血縁と地縁による支配の正当性を示すことでもあったのだろう。

家長自身は主に鎌倉に居住しており、鎌倉の若宮大路に館があったことが『吾妻鏡』などから知られるが、武士の本貫地《ほんがんち》に対する考えがどのようなものであったかをうかがい知ることができる。

常光院には、鎌倉時代後期に制作された「阿弥陀聖衆来迎図《あみだしょうじゅらいごうず》」一幅が伝わっている。極楽浄土の図と阿弥陀二十五菩薩来迎図を組み合わせた、他に例のない珍しいものである。また、図の下方の向かって左に直垂《ひたたれ》姿の在家の男性が二人、右側に尼姿の女性が二人描かれている。この四人の人物は後世の補筆と考えられるが、こうした図像に結縁者と思われる人物を配するのは珍しい。これらの人物は、四人のうち三人が常光夫妻と近衛局《このえのつぼね》（頼朝の乳母で、家長の叔母または養母ともいう）であると寺伝にいう。この図は、平成二十五年（二〇一三）六月に、国の重要文化財に指定された。

家長以後の中条氏は、鎌倉幕府の有力御家人として重用され、南北朝期には足利氏とも深いつながりをもち、室町幕府内でも将軍の側近として重用された。

⑱ 慈悲深い高僧が建立した東国最古の禅寺

霊山院（ときがわ町・地図B1）◉JR八高線・東武越生線越生駅から町路線バス「慈光寺」下車徒歩10分

比企郡《ひきぐん》ときがわ町の山中、慈光寺《じこうじ》（⑨参照）からさらに西へ車道を進むと臨済《りんざい》宗《しゅう》の寺、霊山院《りょうぜんいん》がある。霊山院は、建久《けんきゅう》八年（一一九七）宋から臨済宗を伝えた栄西《えいさい》の高弟、栄朝《えいちょう》（一一六五〜一二四七）によって創建された。かつて慈光寺は多くの僧坊を有し、天台の宝樹坊、修験・密教の不動坊、そして禅宗の霊山院を三塔頭《たっちゅう》として台密禅《たいみつぜん》の修行道場となっていた。しかし、僧坊のほとんどは廃寺となり、今も残る塔頭はこの霊山院のみとなった。霊山院は後鳥羽《ごとば》天皇から「東関最初禅窟」の勅額を賜った関東で最初の禅の修行道場といわれ、勅使門、本堂、庫裏からなる静閑な佇まいは、修行道場に相応しい。寺には、鎌倉時代初期の鉄造阿弥陀如来坐像や永仁《えいにん》四年（一二九六）の板碑《いたび》（いずれも県指定文化財）をはじめ、木造開山栄朝禅師像、五色の払子《ほっす》などの開山栄朝にま

霊山院

つわる寺宝がある。

栄朝は、永万《えいまん》元年（一一六五）上《こう》野《ずけ》国那波郡《なわぐん》（群馬県伊勢崎市・玉村町）に生まれ、慈光寺の厳耀《げんよう》のもとで出家し、その後栄西の弟子となり修行を積んだ。承久《じょうきゅう》三年（一二二一）世良田義季《せらだよしすえ》の招きに応じて世良田（群馬県太田市）の地に長楽寺《ちょうらくじ》を創建。慈悲深い高僧で、その説法を聞くために近隣から多くの人々が集まったことを無住《むじゅう》一円は『沙石集《しゃせきしゅう》』の中で記している。慈光寺と併せて四季折々の風情をみせる古寺を散策してみてはいかがだろうか。

⑲ 新田義貞による鎌倉攻めの激戦地

小手指ヶ原古戦場（所沢市・地図Ａ２）◉西武池袋線小手指駅南口から早稲田大学行きバス「誓詞橋」下車徒歩３分

新田義貞《にったよしさだ》は、元弘三年（一三三三）五月八日、生品神社《いくしな》（群馬県太田市）で、鎌倉討幕のために挙兵した。鎌倉街道上道《かみつみち》を南下し、十日には入間川《いるまがわ》北岸に到達した。迎撃する桜田貞国《さくらださだくに》が率いる鎌倉幕府方は、鎌倉街道上道を北上し、翌十一日新田方、幕府方は、小手指ヶ原《こてさしがはら》（所沢市）で激突し、新田方優勢で推移したが勝負はつかず、新田方は入間川へ、幕府方は久米川《くめがわ》（東村山市）へ移動した。十二日、久米川の陣を攻め立てられた鎌倉方は、分倍河原《ぶばいがわら》（府中市）まで敗退する。五月十五日、新田方は府中まで進軍するが、幕府方に北条泰家《ほうじょうやすいえ》の軍が加わったことを知ると、堀兼《ほりかね》（狭山市）まで後退した。そこで三浦氏などの加勢を得て再び陣容を整え、新田方は翌十六日に再度分倍河原に攻め込み、幕府軍は敗退を余儀なくされた。新田方はこの勝利に勢いを得て、五月二十一

小手指ヶ原古戦場碑（画像提供：所沢市）

日には稲村ヶ崎《いなむらがさき》に達し、二十二日には鎌倉の北条高時《たかとき》を討ち破って鎌倉幕府を滅ぼしたと、『太平記』には記されている。

小手指ヶ原古戦場碑が建つ付近の畑地の中に、白旗塚《しらはたづか》と呼ばれる塚がある。塚の名前は、新田義貞が元弘三年の鎌倉討幕の戦いのとき、最初の激戦を優勢に進め、この塚の上に源氏の白旗を掲げたことに由来する。塚の型は前方後円墳型であり、頂上部には、「白旗塚碑」や「石祠《せきし》の浅間《せんげん》神社」がある。

⑳ 多くの武士が歩んだ鎌倉街道の峠道

笛吹峠（嵐山町・鳩山町・地図B1）◉東武東上線武蔵嵐山駅から大蔵・明覚駅経由せせらぎバスセンター行きバス「大蔵神社前」下車徒歩約30分

笛吹峠《ふえふきとうげ》は、比企郡嵐山町将軍沢《ひきぐんらんざんまちしょうぐんさわ》と鳩山町須江《はとやままちすえ》との境にある標高約八〇メートルの峠で、鎌倉から上野《こうずけ》（群馬県）に通じる鎌倉街道上にあり多くの武士が行き来した。

鎌倉街道は、幕府の成立後、鎌倉が東国の政治の中心となった十二世紀末以来、関東各地をはじめ信濃（長野県）、越後（新潟県）、奥州（東北地方）などの諸国から鎌倉を結ぶ幹線道路として整備されたが、「いざ鎌倉」というような軍事の目的ばかりでなく次第に活発化してきた商品流通の動脈として、その役割は増大した。埼玉県内の鎌倉街道の伝承路線は、県東部の川口から岩槻《いわつき》を経て下総古河《しもうさこが》（茨城県古河市）方面に向かう「中道《なかつみち》」があるが、この峠を通る道は、鎌倉街道上道《かみつみち》と呼ばれ、その経路は鎌倉の化粧坂《けわいざか》を抜け、関戸（多

笛吹峠（画像提供：嵐山町）

摩市）で多摩川を渡り、武蔵国府のある府中から久米川《くめがわ》（東村山市）に入り、所沢をへて鳩山丘陵の笛吹峠、菅谷《すがや》（嵐山町）、塚田（寄居町）を通って荒川を渡ったあと児玉（本庄市）から藤岡方面に抜ける道であった。この道は上野・武蔵・相模の各国府を貫いており、また沿線には多くの古代寺院の遺跡や伝承が残され、古代以来の官道を整備・利用した道といえる。

『吾妻鏡《あずまかがみ》』には元久《げんきゅう》二年（一二〇五）六月に畠山重忠《はたけやましげただ》が菅谷の館を発ち二《ふた》俣川《またがわ》（横浜市旭区）で幕府の大軍と

戦闘を交え討死したと記されているが、鎌倉に向かう重忠はこの上道を利用したと考えられる。また元弘《げんこう》三年（一三三三）五月八日に生品明神《いくしな》（群馬県太田市）で旗揚げした新田義貞《にったよしさだ》は、東国各地の軍勢を集めながら上道を南下し、二十二日には北条高時以下の一族を自刃《じじん》させ、わずか十五日で百四十年余り続いた鎌倉幕府を滅ぼしている。このときの合戦場となった場所や義貞に関する伝承が上道沿いに多く残されている。大軍を迅速に通す道として上道は現在の高速道路の役目を担っていたといえる。

笛吹峠を舞台とした合戦はいくつか知られているが、正平《しょうへい》七年（一三五二）に起きた武蔵野合戦は峠の名称となった物語を含んだ戦いで規模の大きなものである。

後醍醐《ごだいご》天皇による建武《けんむ》政権を倒した足利尊氏《たかうじ》は、吉野（奈良県）に逃れた南朝と対立する中で京都に室町幕府を開き、再び武家政権を打ち立てた。しかし幕政をめぐって弟の直義《ただよし》と対立し観応《かんのう》の擾乱《じょうらん》と呼ばれる内部対立を引き起こした。結局、正平七年二月に鎌倉で直義を毒殺するに及んでようやく終息したが、こうした混乱の中宗良親王《むねよししんのう》（後醍醐天皇の皇子）を迎え入れた新田義貞の遺児、義興《よしおき》・義宗《よしむね》の南朝勢力が上野国で挙兵し、鎌倉に留まっていた尊氏率いる北朝勢力と新田氏の南朝勢力が武蔵国の各地で激しい攻防戦を繰り広げた。『太平記』ではこれら一連の戦いを「武蔵野合戦」と呼んでいる。当初、鎌倉を退却し劣勢であった尊氏は、金井原（小金井市）と人見原（府中市）で勝利し、小手指ヶ原（所沢市）で陣を構えた新田義宗の軍勢を打ち破り、体制を立て直すため、鎌倉街道上道を北上し笛吹峠まで退却した義宗軍は、ここを最後の防衛線とした。このとき、笛の名手であった宗良親王が月明かりの中で笛を吹いたことが峠の名称の由来となったといわれている。しかし、ここでも義宗軍は惨敗し越後方面に敗走し、尊氏軍の勝利で関東での一連の争乱は終結をみるのである。

　現在の峠道には「史跡笛吹峠」の碑が建ち、江戸時代には坂東札所の第九番慈光寺《じこうじ》と第十番正法寺《しょうぼうじ》を結ぶ巡礼道が頂上付近で交差している。

㉑ 中世のおもかげ残る里

苦林宿・苦林野古戦場（**毛呂山町・地図B2**）◉東武越生線武州長瀬駅から町営もろバスゆず号里コース「歴史民俗資料館」下車、苦林野古戦場まで約1・5km、苦林宿まで約0・5km

入間川《いるまがわ》支流の越辺川《おっぺがわ》右岸、鎌倉街道上道《かみつみち》沿いの渡河点に位置する堂山下《どうやました》遺跡は、記録に残る「苦林宿《にがばやしじゅく》」と考えられている。発掘では、鎌倉街道と伝承される推定幅四メートル程の農道に沿い、東西に四〇×五〇メートル四方に溝で区画された屋敷が並び、土製の鍋や釜、鉢や瓶など地元産の日用品、瀬戸や常滑《とこなめ》など国内ブランドの焼き物、当時最高級ブランドとされた中国産の青磁《せいじ》や白磁《はくじ》、金属加工の際に材料に印をつけた「けがき針」などの遺物が出土。周辺には「宿浦《しゅくうら》」「市場」などの地名が残り、延慶《えんぎょう》三年（一三一〇）の板碑《いたび》が残る崇徳寺《すうとくじ》跡もある。発掘調査報告書では、十四世紀前半から十六世紀初頭の「街道・河原・宿・小堂・市場がおりなす中世的世界」と位置付けられている。

この付近にあったとされる苦林野は、室町幕府が関東支配のために設けた

苦林野古戦場の石碑（画像提供：毛呂山町）

「鎌倉府《かまくらふ》」の最初の公方足利基氏《くぼうあしかがもとうじ》（足利尊氏《たかうじ》の子）と、基氏によって越後守護職を追われた宇都宮氏綱《うつのみやうじつな》の有力武将芳賀禅可《はがぜんか》とが、貞治《じょうじ》二年（一三六三）六月十七日に戦い、基氏方が勝利した古戦場である。

堂山下遺跡は、県立毛呂山《もろやま》特別支援学校敷地と毛呂山町大類《おおるい》グラウンドとなっている。苦林野古戦場は県の旧跡に指定されており、石碑と供養塔が、町指定史跡の大類1号墳（前方後円墳）に建てられている。なお石碑と供養塔の戦いの年は貞治四年（正平《しょうへい》二十年・一三六五）説を採る。

㉒ 関東神楽の源流を伝える古社

鷲宮神社（久喜市・地図A1）◉東武伊勢崎線鷲宮駅から徒歩5分

鷲宮《わしのみや》神社は、旧鷲宮町鷲宮に鎮座している。その町名も大字名もこの神社の名前に由来しており、この地の歴史は鷲宮神社の歴史とともにあるといってよい。鷲宮はこの神社の門前町として発展してきたのである。

近年では「アニメファン巡礼の聖地」として多くの初詣客で賑わう鷲宮神社であるが、古くは鎌倉時代から、武家の信仰が篤い神社として知られていた。鎌倉時代の歴史書『吾妻鏡《あずまかがみ》』にも「鷲大明神」としてその記載がある。この辺りが、奥州へ向かうための武蔵国の要衝地として重要視されていたためである。

南北朝時代には、下野国《しもつけのくに》小山荘《おやまのしょう》（栃木県小山市）を拠点とする小山氏の崇敬を受けるようになる。当時、領主の小山氏が鷲宮神社に奉納した太刀は国指定重要文化財として現在も伝えられている。

千貫神輿と鷲宮神社拝殿（画像提供：久喜市立郷土資料館）

室町期の武将、古河公方《こがくぼう》足利成氏《あしかがしげうじ》もまた鷲宮神社を信仰していたひとりである。

享徳《きょうとく》三年（一四五四）に享徳の乱が起こると、鎌倉公方だった足利成氏は下総国古河城（茨城県古河市）に移り、古河公方となる。以降、鷲宮神社は古河公方の配下に置かれ、その祈願所となった。

足利成氏が鷲宮神社に納めた文書（県指定文化財・鷲宮神社文書）からは、敵対する室町幕府と上杉氏を撃滅しようと戦勝を祈願したことがうかがえる。

このように、鷲宮神社は代々の支配者によって保護されたことから、大社としての風格を備えてきたのである。

現在、鷲宮神社といえば国指定重要無形民俗文化財の「鷲宮催馬楽神楽《さいばらかぐら》」が有名である。地元では「土師《はじ》一流《いちりゅう》催馬楽神楽」と呼ばれて、親しまれている。

この神楽の特徴は、「催馬楽」という平安時代に流行した歌が、各演目ごとに歌われることにある。演目は一二座形式で、その大半が『古事記』や『日本書紀』の神話を題材としている。このこともあって、江戸の里神楽が演劇的な要素が強いのに対して、鷲宮神社の神楽は様式的な舞を中心とした一種の舞踊になっている。格式ある優雅な舞は、多くの神楽ファンを魅了して止まない。

また、鷲宮神社では拝殿と神楽殿が向かい合って配置されており、神楽は拝殿の奥に位置する本殿に正対して奉納される。神楽殿の最前には幣束立てが置かれ、神楽の舞人は、座に出るとまずこの神前に向かって一礼する。こうした所作にも注目すると神楽を一層楽しめるかもしれない。

神楽は、一月一日、二月十四日、四月十日、七月三十一日、十月十日、十二

月初酉日の六回、鷲宮神社神楽殿で奉奏される。このうち、四月の春季大祭と十月の秋季大祭以外は以下のとおりの祭日に奉納されている（時間等詳細は要確認）。

一月一日　歳旦祭《さいたん》：除夜の鐘を合図に元旦に奉納。初詣客で賑わう。

二月十四日　年越祭《としこし》：厄除けに豆を撒き、福豆が授けられる。

七月三十一日　夏越祭《なごし》：茅の輪をくぐり厄を祓い、氏子の形代を川に流す。

十二月初酉日　大酉祭《おおとり》：福熊手等を販売。商売繁盛を願う人々で賑わう。

神社の境内には、寛政《かんせい》年間（一七八九～一八〇一）に造られたという「千貫御輿」も保管されている。このひときわ大きな御輿は八〇人もの担ぎ手が必要とされる。毎年九月第一日曜日の土師祭では、多くの担ぎ手が集まって威勢良く町を練り歩いている。

なお、神社から徒歩八分のところにある郷土資料館では、関連する文化財の展示も楽しめる。

㉓ 戦乱の中の詩歌会

平沢寺（嵐山町・地図B1） ◉東武東上線武蔵嵐山駅から徒歩10分

嵐山町《らんざんまち》の平沢寺《へいたくじ》は、享和《きょうわ》三年（一八〇三）にまとめられた平沢寺不動尊の縁起『顕密山縁起』によれば、七堂伽藍や多くの僧房によりなっていたという。発掘調査により、平沢寺西には一間四面堂跡が見つかり、それは旧参道の正面に位置した。一間四面堂は、桁行一〇・五メートル、梁行九・九メートルの廂を巡らした東日本でも最大級の御堂で、その下方には園池跡も確認されている。これらは、平安時代後期、末法思想を背景に広まった極楽浄土思想を具現化した浄土庭園と考えられ、平沢寺が、岩手県平泉《ひらいずみ》の毛越寺《もうつうじ》のような浄土庭園をもつ中世寺院であったことを示唆している。また、平沢寺に隣接する白山神社の丘陵には「長者塚」と称される経塚があり、そこから畠山重忠《はたけやましげただ》の曾祖父重綱《しげつな》と比定される「当国大主散位平朝臣茲縄」が刻まれた久安《きゅうあん》四年（一一四八）銘の鋳銅経筒《ちゅうどうきょうづつ》が出土している。平沢寺から約一・六キロメートルの位置には畠山重忠の居館とされる菅谷館《すがややかた》もあったことから、秩父重綱の時代には既に堂を構え、畠山氏と深いかかわりをもった寺院と考えられる。

極楽浄土を思わせる雅な寺院も、ときには戦の渦中に置かれ、本陣が敷かれることもあった。時代は下るが、文明《ぶんめい》十八年（一四八六）、江戸城を築城したことで知られる扇谷上杉《おうぎがやつうえすぎ》氏の家宰《かさい》太田道灌《おおたどうかん》が、主家の館である相模《さがみ》糟屋館《かすややかた》で暗殺されると、その遺児資康《すけやす》は山内《やまのうち》上杉氏の顕《あき》定《さだ》を頼り、山内上杉氏と扇谷上杉氏の戦が必至となった。この抗争（長享《ちょうきょう》の乱）は約二十年に及び、中でも「関東三戦」といわれる合戦がつとに知られる。

鋳銅経筒（画像提供：嵐山町）

その一つ須賀谷原《すがやはら》（嵐山町菅谷）での合戦では、先の平沢寺が山内上杉方の陣となったのである。

長享《ちょうきょう》二年（一四八八）、鉢形《はちがた》城に山内上杉顕定、河越城に扇谷上杉定正《さだまさ》が陣を構え、両者が高見《たかみ》城（小川町）と松山城（吉見町）で対峙。須賀谷原はその最前線となり、苛烈な戦場となった。五山文学の代表的な漢詩人万里集九《ばんりしゅうく》が著した漢詩集『梅花無尽蔵《ばいかむじんぞう》』によれば「両上杉氏戦死者七百人余、馬亦数百疋」という激しい戦だったようだ。

そもそも京都で臨済宗の僧・文化人として活躍していた万里が、関東の合戦を目の当たりにするに至ったのは、文明十七年（一四八五）、太田道灌の招きによって関東に下向したからである。同年十月二日、江戸城に赴くと、道灌の厚遇を受け庵を結び、かつての庵にも用いていた「梅花無尽蔵」の名を付けた。筑波山や隅田川、相模の海が見渡せる場所だったという。

道灌亡き後も江戸城に留まっていた万里だが、三回忌を終えた長享二年八月十四日に江戸を出立し越後に向かった。道中、定正が陣を構える河越、太田道

平沢寺現況（画像提供：嵐山町）

灌の父道真《どうしん》が隠居した越生《おごせ》の龍穏寺《りゅうおんじ》を訪問。次いで、前述のとおり、須賀谷原の平沢寺に資康《すけやす》を訪ねたのである。平沢寺には八月十七日から滞在し、九月二十五日には、資康の求めにより、同寺の白山祠で詩歌会を催している。万里は、戦を前に詩歌を披露した資康に感激し「敵塁と相対し、風雅を講ず。吁、西俗に此の様無し」と嘆じた。翌日、平沢寺を離れ、鉢形へ赴いた。

その後、平沢寺は、永禄《えいろく》・天正《てんしょう》年間の頃に上杉謙信により灰燼《かいじん》に帰し、諸記録なども焼失した。

コラム

埼玉県の鉄道

SAITAMA

鉄道クイズを一問。「日本で最初に私設鉄道が敷設されたのは、どこか?」答えは、「埼玉県!」。

日本鉄道会社は、華族が中心となって設立した民間会社で、東京・青森間を鉄道で結ぶ計画であった。その第一歩として、東京と高崎を結ぶ第一区線（現在のＪＲ高崎線）の建設に着手した。

明治 14 年（1881)、まず川口から北に向けて建設がはじめられた。工事用機関車を英国から輸入し、荒川沿いの善光寺付近で陸揚げしたので、機関車は善光号と名付けられた。この善光号は、現在は鉄道博物館（さいたま市）で展示されている。

明治 16 年（1883）日本鉄道は、上野を起点として高崎まで開業した。同 19 年（1886）には大宮から第二区線（のちの東北本線）分岐し、同 24 年（1891）には青森まで開通を果たした。

明治 39 年（1906）の鉄道国有法により、日本鉄道株式会社は国有化されたが、大宮には鉄道工場や操車場も置かれ、" 鉄道のまち大宮 " は全国に知られた。

平成 19 年(2007)には、鉄道博物館も建設され、" 鉄道のまち " にふさわしい賑わいを見せている。

現在でも、東北・上越・秋田・山形・北陸（長野）の各新幹線や、東北本線（宇都宮線)、高崎線、京浜東北線、埼京線、川越線などのＪＲ線、東武アーバンパークライン（野田線）と埼玉新都市交通線（ニュー・シャトル）が通るターミナル駅である。

戦国期

24

美しき伝承の残る山吹の里

龍穏寺（**越生町**・地図B2）◉JR八高線・東武越生線越生駅から里山行きバス「上大満」下車徒歩20分

室町時代後期、十五世紀の関東は、鎌倉公方と関東管領《かんれい》の対立を発端とした騒乱に明け暮れた。特に享徳《きょうとく》三年（一四五四）、鎌倉公方足利成氏《あしかがしげうじ》による、関東管領山内上杉憲忠《やまのうちうえすぎのりただ》の謀殺からはじまった享徳の乱以後、関東は戦国時代に入ったとされる。太田道真《どうしん》・道灌《どうかん》の父子は、この時代、鎌倉公方と対立する扇谷《おうぎがやつ》上杉家の重臣として、家宰《かさい》をつとめた武将であった。

太田道灌資長《すけなが》（一四三二〜一四八六）は、江戸城、河越城などを築城し、その町の礎を築いたことで有名である。また高い教養と文学的素養を備えた知将としても知られる。およそ三十年にもわたる享徳の乱、長尾景春《かげはる》の乱において数々の戦に勝利し、乱の平定を導いたが、主君である上杉定正《さだまさ》に惨殺されるという悲劇的な最期を遂げた。

道灌はまた多くの逸話をもつ武将でもある。特に有名なのは山吹《やまぶき》の里の伝説である。ある日鷹狩に出かけた道灌は雨に降られ、雨をよける蓑《みの》を借りようと民家に立ち寄った。出てきた娘は、だまったまま山吹の一枝を道灌に手渡す。

龍穏寺山門（画像提供：越生町）

意味がわからなかった道灌は立腹したが、後日、これは「七重八重　花は咲けども　山吹の　実の一つだに　なきぞ悲しき」の古歌をふまえ、貸せる蓑が一つもないことを伝えたかったのだと人に教えられる。恥じた道灌は、以後、歌の道に精進した、というものである。

この話は江戸時代中期、岡山藩の儒学者・湯浅常山《じょうざん》が著した『常山紀談』に出てくるものである。『常山紀談』は明和《めいわ》七年（一七七〇）頃に成立したものだが、文武に優れた道灌の人柄を物語るエピソードとして広く知られるようになった。そのため、この話の舞台についても東京都豊島区高田、横浜市金沢区六浦ほか、いくつかの土地が比定されるが、埼玉県越生町《おごせまち》もこの「山吹の里」伝承をもつ土地の一つである。

では、越生の地は道灌にとってどのような地であったのか。それについては道灌の父・道真が深くかかわっている。

太田道真資清《すけきよ》（一四一一～一四九二）は、康正《こうしょう》元年（一四五五）、太田家の家督と主家・扇谷上杉家の家宰の地位を息子資長（道灌）へと譲り、剃髪して道真と号したが、その後も主君上杉持朝《もちとも》を補佐して河越城に在った。歌人としても名高く、連歌師・心敬と宗祇を河越城に招き主宰した連歌の会「河越千句」は広く知られている。

寛正《かんしょう》三年（一四六二）頃、道真は越生へと隠棲した。越生は秩父《ちちぶ》と河越を結ぶ交通の要衝であり、河越を守る拠点でもあった。道真の越生入りは単なる隠居ではなく、軍事的な意味もあったと考えられる。

ここ越生の龍ヶ谷《たつがや》にはもと天台宗の寺院があったが、道真は曹洞宗の禅僧・泰叟妙康《たいそうみょうこう》を迎え、文明《ぶんめい》四年（一四七二）年に伽藍を整備し龍穏寺《りゅうおんじ》を中興した。以後、龍穏寺は武蔵国における曹洞宗の拠点として大いに発展することとなり、室町時代後期から戦国時代にかけて多くの末寺が開かれている。江戸時代には栃木の大中寺、千葉の總寧寺《そうねいじ》とともに、幕府から関東の曹洞宗寺院を統括する権限を与えられた格式十万石の大寺院となった。

文明十八年（一四八六）、道灌は死の一月前に、連歌師・万里集九《ばんりしゅうく》を伴い越生の道真を訪れている。実際に道灌が足を踏み入れた地であったことも山吹の里伝説の裏付けとなったのだろう。

道真は息子道灌の死の六年後、越生で没した。龍穏寺境内には道真、道灌の墓と伝えられる五輪塔がある。

㉕ 古河公方足利政氏の居館と久喜藩陣屋

甘棠院（**久喜市**・地図A1）◉JR東北本線（宇都宮線）久喜駅西口から徒歩15分

臨済宗円覚寺《えんがくじ》派永安山甘棠院《かんとういん》は、古河公方《こがくぼう》第二代の足利政氏《あしかがまさうじ》が隠棲して館を寺院とし、子または弟といわれる貞巌昌永《ていがんしょうえい》を開山として開かれたといわれる。館跡は、微高地上に立地し、東西一四〇メートル、南北二五〇メートルに及び、北側に土塁が築かれ、北・西・南の三方に空堀が残り、「足利政氏館跡及び墓」として県指定史跡となっている。昭和四十八年（一九七三）に南側の空堀の調査を行ったところ、幅一〇メートル、深さ五メートルで四五度の角度で掘られており、底部は幅〇・九メートル、深さ〇・九メートルの箱薬研堀となっていた。甘棠院が、かつて戦国武将の居館であったことを思わせる成果であった。

開基の足利政氏は、享徳《きょうとく》の乱終息後に父・成氏《しげうじ》の後を継いで第二代古河公方となったといわれている。関東管領《かんれい》山内上杉《やまのうちうえすぎ》氏や扇谷上杉《おうぎがやつ》氏と三つ巴《どもえ》の戦い

甘棠院総門と中門(奥)(画像提供:久喜市教育委員会)

を繰り広げ、永正《えいしょう》三年(一五〇六)頃に子の高基《たかもと》と後北条《ごほうじょう》氏への対応をめぐって不和となり、一旦和解したものの、同七年(一五一〇)になると再び親子は対立した。その結果、古河公方家の内紛は高基が勝利し、政氏は古河を追われて、小山祇園城から岩付城へ移り、当地で出家した。翌々年には、高基と和睦して久喜館に隠棲した。その後、館を寺に改め「甘棠院」とした。甘棠院での政氏は平和で心穏やかに日々を過ごし、享禄四年(一五三一)七月十八日、六六歳の生涯を閉じた。本堂前の五輪塔が、政氏の墓石で、館跡とともに県指定史跡となっている。

甘棠院には、政氏ゆかりの品々が伝えられている。出家した政氏の生前の姿を描いた「絹本《けんぽん》着色足利政氏像」（県指定文化財）と同夫人像、開山の「紙本《しほん》著色《ちゃくしょく》（伝）貞巌和尚像《ていがんおしょうぞう》」（国指定重要文化財）、「九曜菊散双雀鏡」（国認定重要美術品）が伝えられている。また、江戸幕府が編纂した地誌『新編武蔵風土記稿』にも記載された、政氏が愛用したと伝えられる「縹糸威《はなだいとおどし》最上《もがみ》胴丸《どうまる》具足《ぐそく》」「源氏車紋鞍」「道憲作十文字槍《どうけんさくじゅうもんじやり》」（ともに県指定文化財）も伝わり、現在は埼玉県立歴史と民俗の博物館で収蔵している

また、付近には、江戸時代に米津《よねきづ》氏が、一万二千石で封じられて久喜藩を立藩して置いた陣屋がおかれた。米津氏は、三河国出身で、初代田政《たまさ》は徳川家康に仕えた。二代目田盛《たもり》は、大坂定番を務め、一万五千石を領した。奏者番や寺社奉行を務めた三代目政武《まさたけ》は、貞享《じょうきょう》元年（一六八四）、父・田盛から一万二千石を受け継ぎ、久喜藩を開いた。政武以後、所領は武蔵国埼玉郡、多摩郡、上総国、下総国、常陸国などに分散していた。元禄《げんろく》十一年（一六九八）に政矩《まさのり》が

継いだとき、石高が一万千石に改められた。久喜藩は、五代足掛け一一四年続いたが、通政《みちまさ》の時寛政《かんせい》十年（一七九八）に武蔵国内の所領六千四百余石を出羽国村山郡長瀞《ながとろ》（山形県東根市）に移され、本拠も長瀞に移転した。

甘棠院の東南六〇〇メートルにある久喜市中央公民館は、米津氏の陣屋跡と伝えられている。転封により久喜藩は廃されたため建物などは残っておらず、現在陣屋の遺構は見ることはできない。わずかに公民館北側の御陣山児童公園内に御陣山神社が鎮座する「御陣山」と名付けられた墳丘に名を留めるのみである。また、御陣山遺跡の発掘調査が行われており、同遺跡からは、溝（堀）が検出されている。堀からは、天明三年（一七八三）の浅間山噴火による火山灰の堆積が確認されている。寛政十年に米津氏が出羽国に移る段階では、堀は半ば近くまで埋まっていたことがあきらかである。このほか、遺跡内からは、久喜藩陣屋で使用されたとみられる染付の皿や茶碗、灯明皿、徳利などの陶磁器や鐔、目貫などの刀装具が出土しており、久喜藩の痕跡を偲ばせている。

㉖ 風流歌合戦を行った武将の館

難波田氏館跡（富士見市・地図A2）◉東武東上線志木駅東口から富士見高校行きバス「興禅寺入口」下車徒歩3分、または下南畑行きバス終点下車徒歩10分

　難波田氏館《なんばだしやかた》（城）は富士見市内の旧入間川《いるまがわ》（現荒川）と新河岸川《しんがしがわ》によって形成された自然堤防上に築かれている。天文《てんぶん》六年（一五三七）、北条氏綱《ほうじょううじつな》に河越城を追われた扇谷上杉《おうぎがやつうえすぎ》氏の当主上杉朝定《ともさだ》と重臣の難波田正直《まさなお》（憲重《のりしげ》、法名善《ぜん》銀《ぎん》、以下正直）が松山城に籠もって北条方を撃退した際、正直と敵将の山中主《しゅ》膳《ぜん》が交わした「松山城風流歌合戦」が知られている『新編武蔵風土記稿』には、難波田城はこの正直の居城とされている。

　天文十五年（一五四六）、いわゆる河越夜戦で上杉連合軍側として戦った難波田正直は、上杉朝定らとともに北条氏康《うじやす》の奇襲に敗れて討死し、東秩父村《ひがしちちぶむら》浄蓮《じょうれん》寺の過去帳に息子の法名善鉄《ぜんてつ》とともに記されている。その後の難波田城は北条氏に仕えた上田周防守《すおうのかみ》の所領となっている。天正十八年（一五九〇）の

難波田氏館跡(画像提供:富士見市立難波田城資料館)

秀吉の小田原攻めでは、松山城主上田朝直《ともなお》、難波田城主上田周防守らは小田原城に籠城し、前田利家《としいえ》・上杉景勝《かげかつ》・浅野長政らに攻められ、両城は落城した。落城とともに難波田城は廃城となっている。

遺跡としての難波田氏館跡は、近年、富士見市による発掘調査と復元整備が行われ、調査の結果、古図や古記録に記された縄張りの存在が実証され、本曲輪を中心に曲輪を同心円状に配置し、その間を広い堀で守っていることがわかった。現在、難波田城公園として整備されている。

27 武家の盛衰と寺名の変遷

陽雲寺（上里町・地図B1） ◉JR高崎線神保原駅から巡回バス賀美循環コース（土休日運休）「賀美公民館」下車徒歩3分

上里町金久保《かみさとまちかなくぼ》に所在する陽雲寺《よううんじ》は、弘仁《こうにん》十一年（八二〇）に慈覚大師《じかくだいし》によって創建され、当初は天台宗満願寺《てんだいしゅうまんがんじ》と称したとされる説や、元久《げんきゅう》二年（一二〇五）に創建されたとするなど、諸説存在する。また、新田義貞《にったよしさだ》により戦勝を祈願して不動尊が建立され、新田勝軍不動堂などと称されていたなど、その後も度々寺名が変わっていたようである。天正《てんしょう》十年（一五八二）には崇栄寺《おうえいじ》と称していたが、神流川《かんながわ》合戦により焼失する。しかし、同十九年（一五九一）に武田信玄の弟、川窪信実《かわくぼのぶざね》の子である川窪信俊《のぶとし》によって再建された。その際に、信俊とともにこの地にやってきたのが、武田信玄の室の一人陽雲院《ようううんいん》である。

陽雲院は、三条公頼《きんより》の娘として京都に生まれ、秀姫と称した。天文《てんぶん》五年（一五三六）に信玄のもとに嫁《か》したが、戦乱の中で信玄と子供たちを亡くして

陽雲寺の本堂と鐘楼（画像提供：上里町立郷土資料館）

しまう。夫や子供を失った彼女の頼りとなったのが、かつて養育した信俊であった。

信俊は、焼失した崇栄寺を再興し、陽雲院を開基として寺名を陽雲寺と改めた。その後、陽雲院は陽雲寺において元和《げんな》四年（一六一八）に九七歳で亡くなったのである。

陽雲寺には、陽雲院の墓や新田義貞の家臣として活躍した畑時能《はたときよし》の墓がある。陽雲院ゆかりの品々として狩野元俊《げんしゅん》作の信玄・陽雲院夫妻と伝わる絵や信玄の起請文といった中世文書も残されている。

28

画人の戦国武将の城

一色館跡（陣屋稲荷／幸手市・地図A1）◉東武日光線幸手駅から徒歩5分

幸手《さって》駅近くに、陣屋稲荷《じんやいなり》が祀《まつ》られている。ここは、一色《いっしき》氏の陣屋跡といわれている。『新編武蔵風土記稿』には、小名《こな》の牛村《うしむら》に城山という平城があったとしているが、これが一色氏の居城・幸手城である。一色氏は、鎌倉末期に三河国一色（愛知県西尾市一色町）から当地に移住し、室町時代には鎌倉公方足利《くぼうあしかが》氏の有力家臣となり、古河《こが》公方となった成氏《しげうじ》に従い幸手に城を築いたと考えられている。やがて一色氏は、徳川家康に仕え、幸手に五千石余りを賜った。このとき幸手城を陣屋としたが、間もなく下総《しもうさ》国相馬郡《そうまぐん》に移されて、幸手城も廃城になった。

幸手城主であった一色氏の中で、ひと際異彩を放つ武将が一色直朝《なおとも》である。直朝は、古河公方足利晴氏《はるうじ》の奏者《そうじゃ》として京都との連絡役を務め、出家して月庵《げつあん》を名乗り、慶長《けいちょう》二年（一五九七）に亡くなった。直朝は、教養人として有名

一色氏陣屋跡に立つ陣屋稲荷（画像提供：幸手市教育委員会）

な文人武将である。久喜甘棠院《かんとういん》開山「伝貞巌和尚像《でんていがんおしょうぞう》」（国指定重要文化財・甘棠院蔵）をはじめ、「白鷹図」（栃木県立博物館蔵）など卓越した画技がうかがえる作品を残している。歌人としても和歌集『桂林集《けいりんしゅう》』では、古今伝授継承者である和歌の最高権威・三条西実枝《さんじょうにしさねき》の選を経ており、関東歌壇を代表する一人である。また、和歌、漢詩、有職故実、歴史、文芸、陰陽道などの文芸的・教養的な話を集成した中世随筆の白眉ともいえる『月庵酔醒記《げつあんすいせいき》』を著している。

29 秀吉の大軍に抗した武人の浮き城

寿能城跡（さいたま市・地図A2）◉東武アーバンパークライン（野田線）大宮公園駅から徒歩10分

寿能城《じゅのう》は、東は見沼代用水西縁《にしべり》、南は見沼から大宮公園ボート池につながる低地、北は見沼から大宮公園駅付近まで延びる低地で区切られ、西側の台地がやや狭まる大宮北中学校付近に大手門があったとされている。築城当時、見沼に浮かぶ「寿能の浮城」と呼ばれたと伝わっている。東南方向、見沼に突き出た出丸と呼ばれる区画があり、北半部は宅地化したが、南半部は大宮第二公園内にあり、土塁が残る。

永禄《えいろく》三年（一五六〇）十二月の築城で、城主は当時の岩付《いわつき》城主太田三楽斎資《さんらくさいすけ》正《まさ》の息子で母方の姓を名乗った潮田出羽守資忠《うしおだでわのかみすけただ》といわれている。

天正《てんしょう》十八年（一五九〇）、秀吉の小田原攻めに際し、岩付城主太田氏房《うじふさ》、寿能城主潮田出羽守資忠と嫡子資勝《すけかつ》は小田原城に籠城したが、資忠・資勝親子は四月十八日に討死している。留守部隊が守る岩付城と寿能城も浅野長政《ながまさ》らの上方勢に攻められ、岩槻城は五月二十二日、寿能城も同じ頃に落城した。

元文《げんぶん》三年（一七三八）、潮田資忠の子孫で古河藩の家老を勤めた資方《すけかた》が、潮田家の遺臣北沢甚之丞《じんのじょう》に建てさせた資忠の墓碑が城址の物見塚に今も残る。

寿能城址物見塚に建つ潮田資忠の墓碑

大正十五年（一九二六）、県史跡に指定されたが、第二次大戦中に高射砲陣地が構築され、戦後は宅地化が進んだことから、昭和三十七年（一九六二）に旧跡に指定変更されている。昭和三十三年（一九五八）、資忠の墓を中心に寿能公園が設けられた。

30 関東屈指の戦国時代の名城

鉢形城跡（寄居町・地図B1）◉JR八高線・東武東上線・秩父鉄道寄居駅から徒歩15分

荒川の流れが秩父《ちちぶ》山地から関東平野にさしかかるあたり、寄居町《よりいまち》の市街の荒川をはさんだ南側、急流が形成した断崖上に鉢形《はちがた》城が築かれている。川幅はそれほどではないが、深い谷を形成して荒川に流れ込む深沢川《ふかざわがわ》を挟んだ東側に外郭が形成され、要害堅固な城郭である。

平将門《たいらのまさかど》の乱に関連して源経基《みなもとのつねもと》が城に拠ったといわれるが、確実に城としての体裁を形成していたことがわかるのは、『松陰私語《しょういんしご》』や『太田道灌状《おおたどうかんじょう》』に登場する長尾景春《ながおかげはる》の動きからである。長尾氏はもともと鎌倉郡長尾郷から興《おこ》った一族で、景春は白井《しろい》（群馬県渋川市白井）に拠点を置いた白井長尾氏の五代目、嘉吉《かきつ》三年（一四四三）の生まれである。父親・景信《かげのぶ》から山内上杉《やまのうちうえすぎ》氏の家宰《かさい》の地位を継承できなかったことに不満を抱き、主家に背いた行動をとったとされる。

鉢形城跡　三の曲輪

文明《ぶんめい》六年（一四七四）に五十子《いかっこ》（本庄市五十子）の山内上杉顕定《あきさだ》の陣を封鎖したが、扇谷《おうぎがやつ》上杉の家宰で叔父である太田道灌の進攻で打開されてしまう。同九年（一四七七）、鉢形城に拠った景春は再び道灌に攻められ、鉢形城に籠城することになったが古河《こが》公方《くぼう》足利《あしかが》成氏《しげうじ》の上杉方への圧力で命拾いすることになる。しかし翌文明十年、乱の勢いが収まらないので、道灌がさらに景春を攻めたため、景春は退去せざるを得ず、反乱は収束に向かうことになる。そして同年に主家の山内上杉顕定が武蔵と上野を治める上で適地であり防備の堅い鉢形城に入ったとされ、その後は、しばらく上杉方の城として機能することになる。

鉢形城が再び歴史の流れの中で脚光を浴びるのは、小田原の後北条《ごほうじょう》氏の興亡と連動してのことだった。北条早雲《そううん》は上杉氏の抗争に乗じて伊豆に進出後、小田原城を手中にすると相模を平定、三代氏康《うじやす》のとき、天文《てんぶん》十五年（一五四六）の河越《かわごえ》夜《よ》戦《いくさ》で両上杉や古河公方らに勝利をおさめてその勢力を武蔵域から放逐することに成功し勢力を伸張した。

そして榛沢郡《はんざわぐん》藤田郷（寄居町藤田）にいて山内上杉に従っていた藤田康邦《やすくに》の娘婿となっていた北条氏康《うじやす》の四男の氏邦《うじくに》が、永禄《えいろく》七年（一五四六）頃鉢形城に入り、現在みるような広大な城郭に整備したとされる。

やがて、豊臣秀吉の天下統一の最後の矛先が北条氏に向けられる。天正《てんしょう》十八年（一五九〇）鉢形城は前田利家《としいえ》、上杉景勝《かげかつ》らの北国勢の五万の大軍勢に包囲され、一カ月の攻防戦が展開されて鉢形側に戦死者が多数出たため、ついに氏邦は鉢形城の開城を決断、ほどなく小田原城も開城して北条氏は滅亡した。

鉢形城はこの戦いを最後に廃城となり、その後は大規模な開発もなかったため、現在まで広大な城郭の範囲が良好な状態で残されている。関東の戦国時代を物語る鉢形城は、昭和七年（一九三二）には約二四ヘクタールが国の史跡となり、現在寄居町が三の曲輪《くるわ》を皮切りに整備を進めている。

外曲輪の一画に建つ鉢形城歴史館は、最初に訪れたいガイダンス施設である。寄居町は城跡の整備のため、町立の城南中学校を城の東に移転し、その跡地に歴史館を建設した。展示スペースはさほど広くはないが、鉢形城の栄枯盛衰を軸に、その時代の関東を中心とした歴史を凝縮させて展示している。また、年一度のペースで行われている企画展示では鉢形城の歴史的転機となった事象や活躍した人物にスポットをあて、話題を集めている。

また、資料館南の県道が大手に向かう深沢川に架かる和泉橋を渡ってクランクしているのは城内の道路が故意に曲げられていた歴史的な名残であることを見のがさないようにしたい。

31 史上初？ 犬を合戦に使った名将の城

岩槻城跡（さいたま市・地図A2） ◉東武アーバンパークライン（野田線）岩槻駅から徒歩30分

岩槻《いわつき》城は、江戸時代以前は岩付《いわつき》城と書かれている。岩付城は、長禄《ちょうろく》元年（一四五七）に太田道真《どうしん》（資清《すけきよ》）と道灌《どうかん》（資長《すけなが》）父子により築城されたと『鎌倉大草紙』に記されている。これが通説となっていたが、近年、文明《ぶんめい》十年（一四七八）に成田正等《しょうとう》が築城したという説が出されており、現時点では、太田氏、あるいは成田氏による築城説か定まっていない。いずれにせよ十五世紀後半に築城されたことは間違いない。

その後の岩付城は、古河公方《こがくぼう》奉公衆の渋江《しぶえ》氏が入り、大永《だいえい》二年（一五二二）に太田資頼《すけより》が岩付城を奪取して、以後岩付太田氏の居城となる。次第に後北条《ごほうじょう》氏が武蔵国支配を強めると、太田三楽斎資正《さんらくさいすけまさ》はこれに対抗した。資正は、奇襲の名人であり、後北条氏に奪われた松山《まつやま》城（吉見《よしみ》町）を夜陰に乗じて奇襲し奪

岩槻城黒門（画像提供：さいたま市教育委員会）

い返すなど戦術に長《た》けていた。資正の対後北条氏の逸話として、「三楽犬の入替え」が有名である。岩付城と松山城でそれぞれ飼い馴らした犬を、入れ替えておき、敵が来襲したときに犬の首に救援を求めた文書を入れた竹筒を結びつけて放した。犬は、城を抜けて包囲する敵をかいくぐって救援を求め、時をおかずに来援したという。

資正は、嫡男氏資《うじすけ》に次男の梶原政景《まさかげ》と共に岩付城を追われて終生帰城は果たせなかった。一方、氏資は、後北条氏と好《よしみ》を通じて上総《かずさ》国三舟山《みふねやま》合戦に出陣して討死。氏資の娘と北条氏政の次男・氏房《うじふさ》が結婚して岩付城主となった。ここに岩付城は、後北条氏の城となったのである。

後北条氏は、天下統一を目前にした豊臣秀吉との戦いを目前にして、城と城下町を取り囲む外郭《がいかく》「大構《おおがまえ》」を築いた。全長約八キロメートルに及び、城の内側から三メートル前後の土塁、そして外側に深さ四メートル、底幅七・七メートルの堀を巡らした。現在でも本町五丁目の愛宕《あたご》神社にその面影を見ることができる。しかし、天正《てんしょう》十八年（一五九〇）五月二十二日、岩付城を攻囲する浅野長吉《ながよし》らに降伏し、落城した。

江戸時代には、岩付は岩槻と書かれ、天正十八年八月に徳川家康が関東入国を果たすと、初代城主として高力清長《こうりききよなが》が二万石で封じられ、その後譜代大名の青山忠俊《あおやまただとし》、阿部氏五代、板倉氏一代、戸田氏一代、藤井松平氏一代、小笠原氏二代、永井氏三代、大岡氏八代が城主を務めて明治維新を迎えた。岩槻城は、江戸城の北方の守りとして幕府から重要視され、城主となる大名は老中に任じられるところから、川越城と忍《おし》城などとともに「老中の城」とも呼ばれた。

明治四年（一八七一）に岩槻城は廃城となり、同十一年（一八七八）に解体して払い下げられた。城跡は、現在は岩槻城址公園（通称御林《おはやし》公園）として整備され、土塁や空堀などの遺構が良く残っており、黒門と裏門と呼ばれる城門も移築されている。黒門は、長屋門形式で大岡家の代に三の丸藩主居宅表門であったと伝えられている。黒門は、旧埼玉県庁正門に転用され、昭和二十九年（一九五四）に岩槻市に移管されて市役所裏門に利用された。同四十五年（一九七〇）に現在地に移築されている。一方、裏門は門のホゾに記された墨書銘から明和《めいわ》七年（一七七〇）に建てられ、文政《ぶんせい》六年（一八二三）に修復されていることがあきらかである。裏門といわれているが、城内での位置は不明である。廃城後は民間に払い下げられたが、昭和五十五年（一九八〇）に岩槻市に寄贈されて現在地に移築された。

また岩槻城址公園は、桜の名所としても知られ、市民の憩いの場所でもある。

㉜ 小説、映画の舞台になった成田家の城

忍城跡と石田堤（行田市・地図A1）◉忍城跡・行田市郷土博物館／秩父鉄道行田市駅から徒歩15分、石田堤／行田市駅から東循環バス「堤根農村センター前」下車徒歩8分

行田市《ぎょうだし》にある忍城《おし》は関東七名城の一つに数えられ、文明《ぶんめい》年間（一四六九～八六）の初め頃に現在の熊谷市上之《くまがやしかみの》を本拠地とする成田氏によって築城された。忍城が築かれた地域は北は利根川、南は荒川に挟まれた扇状地で、広大な沼地や低湿地に島状に残る微高地あるいは自然堤防を巧みに利用して築城された。当時の城主は成田顕泰《あきやす》とされ、以後約百年の間成田氏が城主であった。

天正十七年（一五八九）十一月、豊臣秀吉は関東平定のため、小田原城を拠点に関東に勢力を張っていた北条《ほうじょう》氏に宣戦布告した。秀吉は総勢二四万ともいわれる大軍を関東に派遣した。北条方は主だった武将が小田原城に籠城し、豊臣軍を迎え撃つことになった。成田氏は北条氏に属していたため、城主氏長《うじなが》は小田原城に籠城し、忍城は叔父の成田泰季《やすすえ》らの一族と正木丹波守《たんばのかみ》などの家臣

忍城御三階櫓（画像提供：行田市郷土博物館）

が守ることになった。さらに城内には、百姓・町人・女子供らも含めて二七〇〇人余りが立てこもっていたという。その後、成田泰季が急死し、代わって城代となったのはその息子の長親《ながちか》であった。

秀吉は、石田三成《みつなり》に佐竹義宣《よしのぶ》、宇《う》都宮国綱《つのみやくにつな》、多賀谷重経《たがやしげつね》など二万の軍勢を率いて忍城を攻めるように命じた。三成は翌天正十八年六月初旬には布陣を完了し、丸墓山《まるはかやま》の上に立って忍城を眺め、その地形から水攻めを決めたと伝えられている。しかし、実際には秀吉の強い意志に基づいて行われたようだ。埼玉県立歴史と民俗の博物館が所蔵する、秀吉が三成に宛てた「豊臣秀吉朱印状」には、忍城水攻め築堤の絵図を承認したので油断なく行うよう指示している。また、堤の普請が大方できたら使者をよこすこと、秀吉自身も築堤を視察することなどが記されている。三成は水攻めをするため、約一週間で全長一四キロとも二八キロともいわれる堤を築いたとされている。忍川や元荒川沿いの自然堤防をかさ上げしたり、足りない部分を補ったりして堤防を作り、そこに利根川と荒川の水を引き入れたようだ。しかし忍城が周囲よりも少し高かったため、水は現在の下忍《しもおし》や堤根《つつみね》方面に溜まってしまい沈まなかったと考えられ、その後堤は切れ、水攻めは失敗した。人々は城が沈まないのは浮くからだと考え、忍城は「浮き城」としてその名をとどろかせた。

天正十八年七月六日、小田原城は豊臣方に引き渡され、北条氏は滅亡した。関東で残る北条方の城は小田原城と忍城だけとなっていたが、本拠地の小田原城が開城したため、忍城もこれ以上籠城する理由を失い、七月十四日開城し、豊臣軍に引き渡された。成田氏長は、城と領地を没収され、蒲生氏郷《がもううじさと》に預けられた。北条氏滅亡後に関東に入った徳川家康は、四男松平忠吉《ただよし》に忍城を与えた。

忍城は明治になって取り壊されたが、昭和六十三年（一九八八）に御三階櫓《やぐら》が再建され行田市郷土博物館の展示室になっている。また、忍城の外堀の沼を利用して、中国江南水郷式造園の手法を取り入れた公園が整備され、「水城公園」と名付けられ市民の憩いの場となっている。

忍城水攻めの際に石田三成によって築かれた堤は「石田堤」と呼ばれ、現在もわずかに残されている。行田市堤根には約二五〇メートル残されていて、県指定史跡に指定されている。また、鴻巣市袋にも堤が残っていて、石田堤史跡公園として整備されている。さらに、行田市埼玉の埼玉《さきたま》古墳群の丸墓山古墳登り口に続く五〇メートルほどの道も石田堤の名残だといわれている。

忍城の水攻めは、和田竜《りょう》によって小説化され、その小説を映画化した「のぼうの城」が平成二十四年（二〇一二）十一月に公開され大ヒットを記録した。映画では、成田方の総大将である成田長親が領民から「でくのぼう」を略して「のぼう様」と呼ばれたとし、その活躍をユーモラスに描いている。

コラム

埼玉県の特産物（名物）

S　A　I　T　A　M　A

埼玉県は野菜の生産が盛んである。ねぎ、ほうれんそう、さといも、こまつな、ブロッコリー、きゅうりなど、産出額全国トップクラスの作物が数多い。これは、東京という大消費地に隣接する近郊農村であること、河川面積日本一の埼玉県は、堆積作用による肥沃な耕地にも恵まれていることなど、いくつかの理由が考えられる。近世から近代にかけて、野菜の主産地は江戸・東京の市街地の拡大とともに、次第に外延化し、埼玉県域に達した。交通網と輸送手段の進歩によって、外延化はさらに進んで現在に至っている。

野菜栽培は、一年の内に、一つの耕地に異なる種類の作物を何度も作るのが特徴のひとつである。ネギのように栽培に長期間を要するのは、むしろ例外的だ。春日部市の鍛冶屋によれば、鍬の先がけ（刃の先端の修理）が最も頻繁なのは、野菜産地であったという。それだけ使用頻度が高いということだ。年中作物を作っていると、当然耕地の地力も衰える。これを補ったのが、東京から大小の河川を船で運ばれた下肥（人糞尿）であった。下肥で作った野菜は甘みが強く、たいへん美味であったという。他の肥料とは比べ物にならないというが、確かめる気にはなれない。

江戸期

㉝ 徳川幕府を支えた「黒衣の宰相」の寺

喜多院（川越市・地図A2）◉JR線・東武東上線川越駅から徒歩20分、西武新宿線本川越駅から徒歩15分

川越市小仙波《こせんば》にある喜多院《きたいん》は、平安時代初期、慈覚大師円仁《じかくだいしえんにん》が開いた天台寺院・無量寿寺《むりょうじゅじ》がその前身である。その後火災や戦乱で荒廃した寺を、永仁《えいにん》四年（一二九六）に慈光寺《じこうじ》の尊海が再興し、中院、北院、南院を建てたが、それも天文《てんぶん》六年（一五三七）、上杉氏と北条氏との合戦により堂宇《どうう》はことごとく失われてしまった。この寺が再興され、江戸時代を通じて関東天台宗の本山として発展をみるのは、天台の僧・天海《てんかい》が住持として北院に入ってからのことである。

天海は、徳川家康から家光《いえみつ》まで三代の将軍に大きな影響力をもち、幕府の宗教政策をすすめる上で顧問的な役割を果たした人物である。天海の前半生については、はっきりとはわかっていない。没後まとめられた伝記によると、天文

喜多院 慈眼堂（画像提供：川越市教育委員会）

五年（一五三六）、現在の福島県会《あい》津《づ》の生まれで、蘆名《あしな》氏の一族であったという。若い頃は随風《ずいふう》と号した。比叡山《ひえいざん》の僧について天台学を修め、三井寺《みいでら》、興福寺《こうふくじ》などにも遊学した。

随風が川越の無量寿寺北院に入ったのは天正《てんしょう》十八年（一五九〇）、豪海僧正に師事し、このときより名を天海と改めた。慶長《けいちょう》四年（一五九九）に豪海が没し、その後をうけて北院の住持となる。家康の知遇を得るようになった時期については諸説あるが、北院にいた時期の前後であるようだ。

慶長十七年（一六一二）、北院は喜多院と改められ、関東天台宗の本山に定められた。その頃天海は既に北院を退き比叡山に住していたが、その院主として再び招かれる。こうして成った喜多院の伽藍は寛永《かんえい》十五年（一六三八）の大火で山門と鐘楼以外を焼失したが、時の将軍家光はただちに再建にとりかかり、翌年に再建した。このとき江戸城から移築されたのが客殿の家光誕生の間、書院の春日局化粧の間である。

元和《げんな》三年（一六一七）家康没後の、その神号を「東照大権現《とうしょうだいごんげん》」としたのが天海であることはよく知られている。「豊国大明神（豊臣秀吉）」は、その後の豊臣家の末路が不吉であるとして、大明神号を主張した金地院崇伝《こんちいんすうでん》らの意見を退けた。

天海は「黒衣の宰相《こくえのさいしょう》」などといわれ、将軍をあやつった怪僧のようなイメージもあるが、実際の天海の業績は、関東における天台宗派寺院の再興・発展に寄与したことである。戦乱のために衰退した寺院の堂宇の再建、体制の整備に力をつくし、晩年には関東天台の総本山となる東叡山寛永寺《とうえいざんかんえいじ》の造立を実現した。それと同時に天海が精力的に取り組んだのは、家康を祀《まつ》る東照宮の各地への勧請であった。喜多院境内の仙波《せんば》東照宮は、家康の没後間もない元和三年（一六一七）に勧請されている。

天海は、天台宗比叡山延暦寺の守護神を、大日如来が神の姿で現れた山王権現《さんのうごんげん》であるとする「山王一実神道」を提唱した。山王一実神道に従って家康の霊を「大権現」として祀ることは、家康を、天台を守護する神とすることになる。東照宮を各地に勧請することは天台寺院の隆盛に不可欠なことであったのだろう。

天海は寛永二十年（一六四三）、一〇八歳で没した。その五年後、「慈眼《じげん》大師」の諡号《しごう》を賜った。天台宗では伝教大師最澄《さいちょう》以来六人目の大師号であった。喜多院の境内にある慈眼堂は天海を祀る堂で、将軍家光によって建立されたものである。

34

徳川幕府を支えた伊奈一族

伊奈氏屋敷跡（伊奈町・地図A１）◉埼玉新都市交通ニューシャトル丸山駅からすぐ
赤山城跡（川口市・地図A２）◉埼玉高速鉄道戸塚安行駅から徒歩15分。またはＪＲ京浜東北線西川口駅東口から鳩ヶ谷車庫行きバス「曲輪」下車徒歩４分

天正《てんしょう》十八年（一五九〇）八月、徳川氏が関東に入国すると、伊奈忠次《いなただつぐ》は天正十九年（一五九一）には武蔵国足立郡小室郷《こむろごう》（伊奈町小室）の丸山に陣屋を建設し、幕府代官頭《だいかんがしら》として江戸幕府成立期の関八州の幕府直轄地の支配にあたり、農政、村落支配や検地、年貢徴収、寺社支配、新田開発、治水灌漑《かんがい》等、幅広い分野において幕府の基礎を固める活動をした。慶長《けいちょう》八年（一六〇三）家康が征夷大将軍に任ぜられ江戸幕府を開くと、全国の幕府直轄領の代官として、伊奈忠次が関東及び東海、大久保長安《おおくぼながやす》がその他の直轄領を支配した。伊奈氏の新田開発に関する技術は、伊奈流または関東流と称され、伊奈備前《びぜんのかみ》守忠次の名から、用水堰は備前堀《びぜんぼり》、堤は備前堤《びぜんづつみ》と呼ばれた。

空から見た伊奈氏屋敷跡（画像提供：伊奈町）

慶長十五年（一六一〇）忠次が死去すると、嫡子忠政《ただまさ》が小室一万三千石を継いだが、三代忠勝《ただかつ》が死去し断絶後、忠政の次男忠隆《ただたか》が跡を継ぎ、旗本として千百八十石を与えられた。忠次の次男忠治《ただはる》は代官として分家し、後に武蔵国足立郡赤山陣屋（川口市赤山《あかやま》）で七千石を領した。父忠次の代官頭としての権限のうち、嫡子忠政が政治的機能、次男忠治は代官として地方支配機能を継承したと思われ、忠治は後の関東郡代初代として幕府直轄領の支配にあたった。

祖父忠次の十分の一以下の

千百八十石の旗本となった忠隆以後、小室陣屋の敷地は百姓身分となった元の家臣により農地として開発されたり、幕府に上地《あげち》されたりするうちに、農地や民家が散在する現在の風景に変わっていったようである。

　遺跡としての小室陣屋跡は、東北・上越新幹線が二手に分かれる東側に、東西三五〇メートル、南北七五〇メートル、上空から見るとアーモンド形の緑に囲まれた島状の丘陵が伊奈氏屋敷跡であり、よくその形を残しており、昭和九年（一九三四）に県指定史跡に指定されている。忠次は、中世以来の名刹無量寺閼伽井坊《あかいぼう》を明星院（桶川市）に移し、その跡に陣屋を築き、関八州の天領経営の拠点とした。現在でも屋敷跡には、土塁、堀、道路などが現存しているとともに、「表門」、「裏門」、「蔵屋敷」、「陣屋」などの名称が伝承として残っている。昭和五十九年（一九八四）、障子堀《しょうじぼり》が発掘されており、戦国時代の後北条《ごほうじょう》氏関係の城郭遺構と考えられている。

　赤山に陣屋を置いた忠治の子孫は、代々、代官・関東郡代となったが、寛政《かんせい》三年（一七九一）忠尊《ただたか》のときに家臣団の不始末などから出仕を止められ、翌年

赤山陣屋の南堀（画像提供：川口市教育委員会）

には関東郡代を免ぜられ、知行地も没収される改易《かいえき》処分を受けた。こうして赤山陣屋における伊奈氏の地方支配は終わり、赤山陣屋も廃止され、土地は払い下げられ、田畑や山林となった。

赤山陣屋は、赤山城跡として県の旧跡に指定されている。川口市による発掘調査と保存整備によって、舌状台地を囲む谷と低湿地を自然の外堀に、本丸を囲む堀を内堀とする防御に優れた構造が確認されている。

㉟ 徳川家康ゆかり、関東郡代伊奈氏の墓のある寺

勝願寺（**鴻巣市**・地図A1）◉JR高崎線鴻巣駅から徒歩10分

勝願寺《しょうがんじ》は、鎌倉時代、第四代執権北条経時《しっけんほうじょうつねとき》（在職一二四二～一二四六年）が登戸《のぼりと》（鴻巣市《こうのすし》）の土地を浄土宗の僧である良忠《りょうちゅう》に与えて、堂を建てたことに始まったという。寺には鎌倉時代末期の絹本《けんぽん》着色阿弥陀《あみだ》廿五菩薩来迎図《にじゅうごぼさつらいごうず》（県指定文化財）が伝えられている。その後、天正《てんしょう》元年（一五七三）に清厳上人《せいげんしょうにん》が現在の場所に再興したといわれる。

徳川家康は文禄《ぶんろく》二年（一五九三）、鷹狩《たかがり》のため鴻巣に来訪、勝願寺にも訪れた。その折、円誉不残上人《えんよふざんしょうにん》に深い感銘を受けて帰依《きえ》し、徳川家の家紋である「三つ葉葵《あおい》」の使用の許可と多くの宝物を寄進したという。家康がその後、慶長《けいちょう》六年（一六〇一）に訪れたときに、結城秀康《ゆうきひでやす》が結城から越前《えちぜん》に移封されたことにより城主不在となっていた結城城の建造物（御殿、御台所《みだいどころ》、太鼓櫓、築地《つきじ》三

勝願寺仁王門（画像提供：鴻巣市観光協会）

筋塀《すじべい》、鐘、下馬札など）を寄進し、移築した。

御殿は、将軍来訪の際にのみ使用されたことから「御成《おなり》の間」ともいわれた大方丈《だいほうじょう》（一一四畳）の「金の間」、小方丈（九六畳）の「銀の間」などで構成されていたという。

慶長十一年（一六〇六）、円誉不残上人に後陽成《ごようぜい》天皇から紫衣《しえ》を与えられた（僧としての最高位）。寺には市指定文化財である後陽成天皇御宸筆《ごしんぴつ》（天皇自筆の文書）が残されている。

また寺は、壇林《だんりん》（僧侶の養成機関・学問所）として興隆し、関東十八《かんとうじゅうはち》檀林《だんりん》の一つになった。関東十八檀林とは、江戸時代初期に定められた関東における浄土宗の檀林一八カ寺をいう。江戸時代、浄土宗の僧侶の養成については、この一八カ寺に限られていた。

当時、僧侶たちの養成所として学寮があった場所は現在、公園となっており、憩いの場となっている。

家康の帰依を受け栄えた勝願寺は、今日でも本堂の軒丸瓦や仁王門には三つ葉葵の紋が散見される。しかし、現存する本堂、仁王門は、それぞれ明治二十四年（一八九一）、大正九年（一九二〇）に再建されたものである。将軍の愛用した御殿は、明治三年（一八七〇）に起こった竜巻により全壊した。本堂、庫裏、鐘楼、仁王門など多くの建造物は明治十五年（一八八二）の火災で焼失、宝物も失われた。

勝願寺の墓地には、伊奈忠次《いなただつぐ》の墓とともに、子の忠治及び忠次と忠治夫人の墓の四基（県指定文化財）がある。忠次（一五五〇～一六一〇）は、徳川家康が天正十八年（一五九〇）に関東に移封した後、関東代官頭として家康の関東

伊奈家墓所（画像提供：鴻巣市観光協会）

支配に貢献した。武蔵国足立郡小室《こむろ》（北足立郡伊奈町小室）と鴻巣《こうのす》において一万石を拝領《はいりょう》し、小室に陣屋を構えた。検地、知行割、新田開発、利根川や荒川の付け替えをはじめとする河川改修工事、寺社政策、交通制度の諸政策にたずさわった。関東各地に残る備前堀《びぜんぼり》や備前堤《びぜんづつみ》と呼ばれる堀や堤防は、忠次の官位である備前守に由来するものである。忠次と勝願寺の関係について詳細は伝えられていないが、領地内にある主君家康ゆかりの寺を菩提寺に選んだものと推察される。

㊱ 円空、日光街道を歩く

小淵山観音院（春日部市・地図A1）◉東武スカイツリーライン（伊勢崎線）北春日部駅から徒歩15分

春日部市《かすかべし》小渕《こぶち》の小淵山観音院は、正嘉《しょうか》二年（一二五八）の開基と伝えられる古刹《こさつ》である。寺号は正賢寺《しょうけんじ》、市内唯一の本山派の寺院である。京都聖護院《しょうごいん》の直末寺《じきまつじ》で、安永《あんえい》二年（一七七三）に正年行事に任命されている。同寺の縁起は、江戸時代に写された『小淵山本尊記』に詳しく、その原本は応安《おうあん》二年（一三六九）に住職沙門玄通が記したとされる。同書によれば、本尊の聖観音は正嘉二年に利根川岸より出現したとのことである。

五間四方《ごけんしほう》の茅葺《かやぶき》の本堂は、寛政《かんせい》五年（一七九三）発起、同十二年（一八〇〇）に再建された。格天井《ごうてんじょう》には八四枚の百花図がはめられ、本堂向拝には鰐口《わにぐち》が下がっている。ただ、鰐口は近年に鋳造されたもので、もとの鰐口は昭和十九年（一九四四）に山門の梵鐘《ぼんしょう》とともに戦時供出された。

観音院仁王門（画像提供：春日部市教育委員会）

境内には元禄《げんろく》二年（一六八九）の建立と伝える山門が現存している。山門は三間一戸の楼門で、阿吽《あうん》の金剛力士像を安置する仁王門である。木鼻《きばな》や虹梁《こうりょう》の渦が簡素な曲線を描き、蟇股《かえるまた》には浮彫りの蓮花が収まっている。かつては二階に梵鐘があったが、前述のとおり、戦時供出で失われてしまった。屋根は茅葺であったが、後に桟瓦《さんがわら》葺に替えられ、今日に至る。

明治五年（一八七二）には庫裏《くり》が焼失しており、古文書は灰燼《かいじん》に帰した。ちなみに明治時代、修験道が廃止されると、一時、天台宗に帰属した過去もある。

観音院には七体の円空《えんくう》仏が伝わってい

る。聖観音菩薩《しょうかんのんぼさつ》立像・不動明王《ふどうみょうおう》立像・伝毘沙門天《びしゃもんてん》立像の三体が一メートルを超え、聖観音菩薩立像は二メートル近い像高で県内最大級の迫力ある円空仏である。口をやや開き、歯をのぞかせ、手のひらをみせる右手には縦線を刻んでいる。下半身には雲文が彫られている。ほかに三〇～四〇センチメートル程度の蔵王権現《ざおうごんげん》立像・役行者《えんのぎょうじゃ》倚《い》像・徳夜叉明神《とくやしゃみょうじん》像・護法大善神《ごほうだいぜんしん》像が伝存し、蔵王権現立像や役行者倚像は修験寺院に相応しい像といえる。右足を上げ、左足で岩座に立つ伝統的なスタイルの蔵王権現立像は、数ある円空仏の中でも唯一のもので貴重である。

円空は寛永《かんえい》九年（一六三二）に美濃国で生まれ、近畿や東北・北海道を旅し、各地で神像仏像を造立した。関東地方には、群馬県富岡《とみおか》の貫前《ぬきさき》神社や栃木県の日光東照宮に足跡が残る。日光東照宮には天和《てんな》二年（一六八二）と元禄二年（一六八九）に訪れており、稲荷大明神《いなりだいみょうじん》立像（瀧尾《たきのお》神社保存会蔵）には「日光山一百廿日山籠」と墨書され、円空が日光山で百二十日山籠したことが伝わる。埼玉に所在する円空仏は、日光などを訪れた頃とほぼ同じ時期に制作されたと考えられ、また、その分布は県内東部に集中していることから、日光街道（日光道中）との関連が注目される。

現在、県の有形文化財に指定されたこれらの円空仏は、埼玉県立歴史と民俗の博物館に寄託され、公開のたびに円空ファンを喜ばせている。

円空作 聖観音菩薩立像
（画像提供：春日部市教育委員会）

37

名君と算術の達人が開通させた用水路

本多緑道／野火止用水（**新座市**・地図Ａ２）◉東武東上線朝霞台駅南口から東久留米駅東口または新座営業所行きバス「市民総合体育館入口」下車徒歩10分

野火止《のびどめ》用水は徳川三代将軍家光《いえみつ》の時代に、老中で川越藩主の松平信綱《まつだいらのぶつな》が武蔵野の開発のために開削した水路である。「伊豆殿堀《いずどのぼり》」とも呼ばれ、県の史跡に指定されている。信綱は家光が生まれると側近として仕え、家光が三代将軍になったときに官職「伊豆守」となった。信綱は島原の乱を鎮定し、将軍家光、家綱の二代にわたって老中として幕府を支えた。知恵者で難題を次々と解決し才気にあふれていた信綱には「知恵伊豆《ちえいず》」の異名もあった。

承応《じょうおう》二年（一六五三）江戸幕府は信綱を総奉行として玉川上水の開削を命じ、翌三年に開通させた。川越の商人榎本弥左衛門《えのもとやざえもん》の『万之覚《よろずのおぼえ》』によれば、幕府に玉川上水から領内の野火止への分水を願って認められ、家臣の安松金右衛門、名は吉実を普請奉行に命じて、承応四年（一六五五）二月十日に開削に着手し、多摩郡小川村（東京都小平）にある玉川上水分水口から新河岸川までの全長約二五キロメートルに及ぶ用水をわずか四〇日後の三月二十日に完成させた。

金右衛門は江戸時代初め頃に播磨国に生まれ、算術や土木技術などに秀で、よく信綱に仕えた。貞享《じょうきょう》三年（一六八六）十月二十七日に没し東京都新宿区の太宗寺《たいそうじ》に葬られたが、昭和十年（一九三五）に主君信綱の眠る平林寺《へいりんじ》に改葬されている。

本多緑道と野火止用水（画像提供：新座市教育委員会）

現在、用水沿いには野火止緑道や本多緑道などの遊歩道が整備されている。歴史と武蔵野の風情が残る野火止の地を、一度は訪ねてみたい。

38 東日本を代表する美しき禅寺

平林寺（**新座市・地図A２**）◉東武東上線志木駅南口からひばりヶ丘駅北口または新座営業所行きバス「平林寺」下車徒歩15分・東武東上線朝霞台駅南口から東久留米駅北口または福祉センター入口行きバス「平林寺」下車徒歩15分・西武池袋線東久留米駅北口から朝霞台駅南口または新座市役所行きバス「平林寺」下車徒歩15分

新座市野火止《にいざしのびどめ》にある平林寺《へいりんじ》は、臨済宗妙心寺《みょうしんじ》派の僧堂（修行の専門道場）をもつ禅寺である。正式には「金鳳山《きんぽうざん》平林禅寺」といい、関東有数の古刹《こさつ》である。広大な境内林は国の天然記念物に指定され、コナラやクヌギなどの雑木林が武蔵野の面影をとどめ、四季折々に美しい景色に彩られる。境内を野火止用水が流れ、一直線上に配された茅葺《かやぶき》屋根の惣門《そうもん》、三門、仏殿、中門は、県内の禅宗伽藍を代表する遺構として県の有形文化財に指定されている。また、一般には開放していないが、書院奥の林泉境内にはかつて野火止用水の清流が流れていたといわれる心字池《しんじいけ》と枯山水の石組を配した庭があり、県内の代表的な名

平林寺 仏殿（画像提供：新座市）

園として県の名勝の指定を受けている。このほか境内には松平信綱《まつだいらのぶつな》をはじめとする大河内《おおこうち》松平家歴代の廟所《びょうしょ》や歴代塔所、島原の乱の供養塔など多数の文化財が所在する。

　平林寺の創建は南北朝時代の永和《えいわ》元年（一三七五）、石室善玖《せきしつぜんきゅう》を開山として、武蔵野国埼西郡渋江郷《しぶえごう》金重《かなしげ》村（さいたま市岩槻《いわつき》区平林寺）に建立された。石室善玖は永仁二年（一二九四）筑前国で生まれ、文保《ぶんぽう》二年（一三一八）に元に渡って金陵（後の南京）の保寧寺の古林清茂《くりんせいむ》に師事し、帰国後に京都天龍寺、鎌倉建長寺、円覚寺などの住持を務めた後、平林寺を開いた。その後戦国時代の永禄《えいろく》七年（一五六四）に岩槻城主太田氏資《うじすけ》は後北条氏《ごほうじょう》の勢力下に入り、天正《てんしょう》十八年（一五九〇）の豊臣秀吉による小田原の後北条氏攻めの際に、岩槻城は浅野長吉（のち長政）らの軍勢に攻め落とされた。このとき寺は、戦火により聯芳軒《れんぽうけん》を残して焼失したが、後北条氏滅亡後に関東に入国した徳川家康が、平林寺に駿河国大龍山臨済寺から鉄山宗鈍《てつざんそうどん》を招き、法灯を復興させた。

元和《げんな》四年（一六一八）九月十三日に大河内秀綱が没して平林寺に葬られた。大河内秀綱とは徳川家康の譜代《ふだい》家臣で、通称を金兵衛といい久綱、正綱の二人の子がいた。正綱は徳川家康の命により長沢松平正次の養子となって、松平の家を継ぎ松平を名乗った。そして久綱の長男信綱は叔父正綱の養子となり、徳川家光の側近として仕えて幕政を支え寛永《かんえい》十年（一六三三）忍《おし》城主、同十六年（一六三九）に川越藩主となった。寛永十年から寛文《かんぶん》二年（一六六二）まで、幕府の老中として活躍した人物でもある。信綱の実父大河内久綱は正保《しょうほう》三年（一六四六）四月三日に、また養父松平正綱が慶安《けいあん》元年（一六四八）六月二十二日に没し、ともに平林寺に葬られた。寛文二年（一六六二）三月十六日には、松平信綱が没し同じく平林寺に葬られた。信綱は生前より平林寺を川越から近い野火止の地に移転することを、遺命として子の輝綱に託していた。喪が明けて間もなく輝綱が幕府に平林寺の移転を願い、幕府からただちに許可され翌年から現在の新座市野火止に堂塔伽藍の移転が行われた。そして寛文五年（一六六五）七月十一日に平林寺は徳川家綱から新座郡野火止の西堀村・同所西屋敷合わせて五十石の寺領を安堵された。幕末明治期には本堂焼失や幕藩体制の崩壊、寺領が新政府に収公されるなど苦難の時期であった。

その後、第二十一世大休《たいきゅう》宗悦《そうえつ》が公認の専門道場を開設する計画が近隣の寺や檀家などの支持を得て、明治三十七年（一九〇四）一月に大本山妙心寺へ僧堂開単の請願書が出され、その年の四月に許可が下り、東日本で初めて禅の専門道場が開設された。以来、今日まで多くの禅僧を世に送り出し、平成十五年（二〇〇三）には僧堂開単百年を迎えている。

㊴ 今でも江戸時代から変わらぬ時を告げる鐘

遷喬館／時の鐘（さいたま市・地図A2） ◉東武アーバンパークライン（野田線）岩槻駅下車徒歩10分

〝岩槻《いわつき》に過ぎたるものが二つある。児玉南柯《こだまなんか》と時の鐘〟

岩槻に伝わる俚言《りげん》であるが、岩槻には過ぎた、すなわち勿体ないような優れたものが児玉南柯と時の鐘であるというのである。

児玉南柯は、岩槻藩主大岡家に仕えた儒学者である。南柯は、二百五十石の幕臣・豊島《としま》氏の出で、祖父の姉が大奥御年寄の絵島《えしま》であり、絵島生島事件に連座して祖父と父は甲斐《かい》に流刑となった。宝暦《ほうれき》六年（一七五六）一一歳のときに、大岡家家臣の児玉親繁《ちかしげ》の養嗣子となり、宝暦十一年（一七六一）一六歳で二代藩主大岡忠喜《ただよし》の中小姓として出仕、明和《めいわ》八年（一七七〇）、二五歳のとき、藩主忠喜の推挙により昌平黌《こう》に学び、安永《あんえい》四年（一七七五）には忠喜嫡子忠要《ただとし》の素読《そどく》相手を務める。その後、岩槻藩領である安房《あわ》国朝夷《あさい》郡《ぐん》の郡奉行のときに、千

時の鐘(画像提供:さいたま市教育委員会)

倉沖で七九人が乗船する清国船元順号が漂流するという事件がおきた。村人に救助された一行は、言葉が通じないため困惑したが、幕府と岩槻藩では南柯を派遣することにした。幸い江戸藩邸にいた南柯はただちに急行して筆談をもって乗組員と意を通じて、薪水や食糧の補給と長崎への連絡などの対応処理を行った。このときの記録として『漂客紀事《ひょうかくきじ》』を著した。さらに忠要が三代藩主となると御側御用人《おそばごようにん》と侍読《じどく》を拝命した。また藩の財政難を勝手向取締方として財政再建を行ったが、部下の公金横領事件の責任を負わされたため職を辞した。

引退後は、藩主の侍読相手を務め、寛政《かんせい》十一年（一七九九）に裏小路に私塾遷喬館《せんきょうかん》を開いた。藩士の多く住む屋敷内にあり、藩士の子弟や有力村役人の子弟たちが学んでいたという。

やがて遷喬館は、文化《ぶんか》八年（一八一一）に五代藩主大岡忠正により「勤学所」という藩校に改められ、学ぶ者は藩士の子弟に限定されて、隣接する武芸稽古所とともに文武両道の藩士を育てた。藩校といっても運営は、南柯の私費を中心に、門人からの謝礼や藩主拝領金などで賄われた。

南柯は、文政《ぶんせい》十三年（一八三〇）に八五歳で没し、城下の浄安寺《じょうあんじ》に葬られた。門弟は、南柯の遺徳を偲んで、その霊を遷喬館に祀《まつ》り、月に三度祠堂に酒果を供したという。

現在、遷喬館は、県指定史跡となり、平成十五年度（二〇〇三）から三カ年をかけて全面解体修理を実施して、発掘調査や木材の加工痕から当時の状態に近づける復元工事を行い往時の姿を取り戻した。岩槻郷土資料館の付属施設として、内部公開も行われている。

時の鐘は、遷喬館が位置する裏小路を東に、岩槻城大手門方面に進むと突きあたり左手が時の鐘である。時の鐘は、岩槻城渋江口にあり、藩主の参覲交代や、将軍が徳川家康を祀る日光東照宮に参拝する日光社参の通行では、必ず目にする位置にある。

寛文《かんぶん》十一年（一六七一）に岩槻藩主阿部正春が、鋳物師渡辺正次に梵鐘を鋳造させて、鐘撞役が城内・城下に時を知らせた。その後、鐘にヒビが入り音の響きが悪くなった。享保《きょうほう》五年（一七二〇）、時の藩主であった永井直陳《なおのぶ》が改鋳を命じ、江戸の小幡勝行が鋳造し、現在に至っている。高さ一五一センチメートル、口径七八センチメートル、重さ七五〇キログラムで県指定文化財となっている。

時の鐘は、毎日朝六時、正午、夕六時に、今でも近隣に江戸時代から変わらぬ時を告げている。

40 「にほんの里一〇〇選」に選ばれた江戸の大開発

三富新田と多福寺（三芳町・地図A2）◉東武東上線鶴瀬駅またはふじみ野駅からバス「多福寺前」下車すぐ

三富新田《さんとめしんでん》は、江戸時代の元禄《げんろく》年間に開拓された武蔵野台地上の村落で、上富《かみとめ》村《むら》（入間郡三芳町）と、中富村《なかとめむら》・下富村《しもとめむら》（所沢市）三カ村の総称である。

新田が開発される前は林野であり、肥料になる落ち葉・燃料となる薪《まき》などを周辺村落が採取する農民共同利用の林野と、立野《たての》という川越藩が掌握する林野が並存していた。これらの林野はその利用や帰属をめぐって、川越藩領の村落と川越藩以外を領主とする村々との間でしばしば争いが繰り返されていた。元禄七年（一六九四）七月、長年争いが繰り返されてきた北武蔵野の林野は、幕府評定所《ひょうじょうしょ》により川越藩の領地であると判決された。

この裁定の後、川越藩主であった柳沢吉保《やなぎさわよしやす》は、藩財政を充実させる目的で、川越に召し抱えていた荻生徂徠《おぎゅうそらい》の建議を入れ、筆頭家老の曽根権太夫《そねごんだゆう》に命じ

三富新田航空写真（画像提供：三芳町教育委員会）

て開拓させた。開拓に際し従事する農民を募ったが、上富村名主となった忠右衛門、中富村名主となった喜平次が亀久保村《かめくぼむら》（ふじみ野市）から移住したように、主に近隣の村々から入植したようである。開発が始められてから二年後の元禄九年（一六九六）五月に検地が行われ、上富に九一戸、中富に四〇戸、下富に四九戸の合計一八〇戸からなる新しい三つの村落・三富新田が成立した。村名の「富」の由来は「豊かな村になるように」との古代中国の孔子《こうし》の教えに基づくものである。なお、新田といっても、耕地はすべて畑である。江戸時代の新田とは、新しく開発された耕地または村落という。

開発の特徴としては、幅《はば》六間《けん》（約一〇・九メートル）の道路の両側に家屋を並べ、一軒の農家ごとに、道に面している場所を屋敷地、屋敷地の後ろに畑地、畑地の後背に雑木林地を設けるという地割とし、各農家の土地を短冊型にして並べたことにある。この方法は北宋《ほくそう》の王安石《おうあんせき》の新田開発法を参考にしたといわれる。この整然とした地割と景観は現在でも良く残され、昭和三十七年（一九六二）には、旧跡として県指定文化財になっている。また、朝日新聞社・森林文化協会による、にほんの里一〇〇選にも選ばれている。

一戸ごとの面積は、約五町歩《ちょうぶ》（約四万九五〇〇平方メートル）であり、畑地の面積と雑木林の面積がほぼ均等になるように設定されていた。畑地に屋敷地を加えた面積は、元禄時代以前に幕府が南武蔵野で開拓した新田村落（小川新田（小平市）など）の事例を参考している。一方、享保《きょうほう》期以降の干鰯《ほしか》などの金肥《きんぴ》（購入する肥料）に頼る以前の開拓であったことから、落ち葉を自給肥料として耕作していくことを念頭に置いて雑木林の面積を設定したものと考えられる。このことから、三富新田は、江戸時代における循環型農業の完成形であると評価される。

三富新田は原野を開墾して生まれた新しい村であったため寺院はなかった。また、新田村には出身地を異にする農民が移住したことから、農村としてのまとまりをつくり出す必要があった。元禄九年（一六九六）八月、藩主柳沢吉保は、菩提寺として、上富に「臨済宗三富山多福禅寺《たふくぜんじ》」、祈願所として中富に「毘沙門社《びしゃもん》」（現毘沙門堂・別当寺多聞院《たもんいん》）を建立した。それまでは、三富新田に入植した農家の菩提寺は、当初、上富村が亀久保村の地蔵院、中富村・下富村は大塚村（川越市）の西福寺としていたが、多福寺《たふくじ》建立によって三カ村の菩提寺を多福寺としたのである。多福寺には、開発の担当者であった曽根権太夫三が寄進した銅鐘（県指定文化財）や、吉保直筆の『参禅録』をはじめ多くの什宝《じゅうほう》が遺されている。

忠臣蔵ドラマでは悪役として描かれることの多い柳沢吉保ではあるが、地元では大開発を成し遂げた名君として今なお慕われている。

㊶ パナマ運河と同じ構造をもつ用水路

見沼代用水と見沼通船堀（さいたま市・地図A2）◉JR武蔵野線東浦和駅から徒歩3分

現在、サクラソウの群生で知られる見沼《みぬま》田んぼは、かつては、見沼と呼ばれる大きな人工の溜池《ためいけ》であった。

江戸時代、芝川《しばかわ》流域（川口市）には多くの新田が開拓されていた。関東郡代伊奈忠治《いなただはる》は寛永《かんえい》六年（一六二九）、それらの新田に用水を供給する目的で堤防を建設した。広大な沼沢地であった見沼周辺に開発の手が入ったのである。堤防は、附嶋村《つきしまむら》（さいたま市緑区）と木曽呂村《きぞろむら》（川口市木曽呂）に建設したもので、「八丁堤《はっちょうつつみ》」と呼ばれた。堤の建設により、水深が平均二・七メートル、周囲が四〇数キロメートルもの溜池が出現した。それが、「見沼溜井《ためい》」と呼ばれた灌漑用溜池である。このために見沼周辺にあった水田は水没した。

延宝《えんぽう》三年（一六七五）、溜井の一部が新田に開拓されたが、一部の水を綾瀬川《あやせがわ》

見沼通船堀(画像提供:さいたま観光国際協会)

に排水するようにしたため下流の地域では用水の確保が難しくなった。そのため新田取り潰しの訴えが起き、享保《きょうほう》三年(一七一八)に溜井に戻された。しかしその頃には溜井内への土砂の堆積により貯水力は失われ、水害が多発するようになっていた。

徳川吉宗《よしむね》が紀州藩から八代将軍としてむかえられると享保の改革が始まった。幕府は財政建直しのための増収策として、享保七年(一七二二)に新田開発奨励策を打ち出し、新田開発が本格的になった。吉宗に従って江戸に入り紀州藩士から幕臣となった井沢弥惣兵衛為永《いざわやそべえためなが》が、享保十年（一七二五）に見沼溜井の干拓の検討を命じられた。

井沢は、現地調査を行い開発の是非を検討した後、見沼溜井の干拓に着手した。一方、井沢は見沼に代わる水源として約六〇キロメートルにわたる灌漑用の用水路「見沼代用水」を享保十二年（一七二七）に開削した。流路は、現在の行田《ぎょうだ》市にある利根大堰《おおぜき》を取水口とし、東縁《ひがしべり》代用水路は上尾市・さいたま市・川口市及び東京都足立区を流れ、西縁《にしべり》代用水路は上尾市の瓦葺伏越《かわらぶきふせこし》付近にある東縁との分水点から、さいたま市南区などを経て川口市大字小谷場《こやば》元西福寺前分水口（芝分水口）を流れる。見沼代用水は、埼玉・東京の東部を流れる葛西用水路、愛知県の明治用水とならび、日本三大農業用水と称されている。また農林水産省の疏水《そすい》百選にも選定されている。

井沢の採った土木普請の手法は、紀州流と呼ばれ、取水と排水の分離が大きな特徴として挙げられ、見沼代用水でもこの特徴がみられる。見沼代用水では見沼を干拓した跡の中央に溝を設け、芝川に接続するように造られている。これにより、東西の用水路から流れ込んだ水が芝川へ排水されるようにした。

　見沼代用水の一番の目的は、水田等を潤すことであったが、享保十五年（一七三〇）に、新田開発に貢献のあった人々の願いであるその水運の利用が認められ、年貢米や農産物などを江戸に運ぶ水路として用いることができるようになった。しかし、江戸までは直接つながっていなかったため、翌享保十六年、井沢弥惣兵衛は代用水と芝川を結ぶための運河である見沼通船堀《つうせんぼり》を造った。その際、代用水と芝川の高低差が約三メートルあったので、閘門式《こうもんしき》運河（閘門（＝関）を設けてその操作によって水位を調整し、船舶の通過を図るようにした運河。この手法はパナマ運河と同じである）の方法を用いた。見沼通船堀は同方式で世界で一番古いものといわれている。

　昭和初期以降は使用されず、現在はさいたま市緑区にその復元された遺構が残る。昭和五十七年（一九八二）に、国の史跡に指定された。現在では、東縁の一の関、二の関と西縁の一の関が復元されている。また、年に一度、八月下旬に閘門の角落板を実際に使用した水位調整の実演が公開されている。

㊷ 大流行した〝坂東札所巡り〟の名寺たち

慈光寺（地図B1）◉JR八高線明覚駅、東武東上線武蔵嵐山駅、小川町駅、東武越生線越生駅の各駅からときがわ町路線バスせせらぎバスセンター行き乗車。せせらぎバスセンターから、慈光寺行き「デマンドバス（平日）」または「路線バス（土、日、祝）」に乗換え「慈光寺入口」下車徒歩約35分（一部、慈光寺まで登るバスあり）。
正法寺（地図B1）◉東武東上線高坂駅から鳩山ニュータウン行きバス「大東文化大学」下車徒歩2分
安楽寺（地図A1）◉JR高崎線鴻巣駅または東武東上線東松山駅からバス「久保田」下車徒歩約30分
慈恩寺（地図A1）◉東武アーバンパークライン（野田線）岩槻駅または東岩槻駅からさいたま市コミュニティバス「慈恩寺観音」下車

観音菩薩は、三十三の姿で現れ我々の苦悩を救済するという観音信仰に基づいて、三十三観音札所巡りが始められた。西国《さいごく》に続き、坂東でも三十三観音の札所巡りが始められたが、その契機は、源頼朝がキーパーソンであるといわれる。頼朝は、深い観音信仰をもち、源家に従った坂東《ばんどう》武士らが平家追討で西国へ赴いた際に、西国札所に触れて信心を深めて坂東札所が創始されたと考えられ、鎌倉時代中頃には、実際に僧侶などが坂東札所を巡った資料も残されてい

慈恩寺 本堂（画像提供：さいたま観光国際協会）

る。やがて、室町時代末期には、西国三十三カ所と秩父三十四カ所を合わせて百観音札所となって巡礼が行われるようになり、江戸時代には札所巡礼が盛んになった。

さて、埼玉県には第九番慈光寺《じこうじ》、第十番正法寺《しょうぼうじ》、第十一番安楽寺《あんらくじ》、第十二番慈恩寺《じおんじ》の四カ寺が所在する。

都幾山《ときさん》慈光寺は、天台宗。本尊は、十一面千手観世音菩薩（県指定文化財）である。寺伝では、開創は天武《てんむ》二年（六七三）に慈訓によるとされ、奈良時代に唐からの渡来僧・鑑真《がんじん》和尚の高弟・釈道忠《しゃくどうちゅう》により慈光寺が創建されたという。清和《せいわ》天皇から天台別院の勅願寺《ちょくがんじ》に定められ、鎌倉時代には七五坊を擁する一大寺院であった。慈光寺は、標高約三二〇メートルの山寺であるとともに文化財の宝庫である。中腹の山門跡の青石塔婆（板碑）九基（県指定文化財）、参道を辿ると開山塔（国指定重要文化財）が覆屋内に、その先の鐘楼《しょうろう》には寛元三年（一二四五）鋳造の銅鐘《どうしょう》（国指定重要文化財）が間近にみられる。本堂右手には、葉書の語源となった多良葉樹《たらようじゅ》（県指定天然記念物）、宝物館には、後鳥羽上皇《ごとばじょうこう》や九条兼実《かねざね》らが書写した法華経一品経（国宝）、大般若経（国指定重要文化財）をはじめ枚挙に暇がない。

巌殿山《いわどのさん》正法寺は、岩殿観音と呼ばれる真言宗智山派《ちざんは》の寺院である。本尊は、千手観世音菩薩で、開創は養老《ようろう》二年（七一八）逸海《いっかい》上人によるという。表参道は、古い門前町の雰囲気を感じさせ、石段を登ると仁王門、さらに登ると岩壁に囲まれた観音堂がみえる。石段右手の鐘楼には、戦国時代の合戦の折に、兵士の士気を鼓舞するために陣中を引きずったため傷だらけとなった、元亨《げんきょう》二年（一三二二）銘の銅鐘（県指定文化財）がかかっている。

岩殿山安楽寺は、吉見《よしみ》観音として親しまれる真言宗智山派の寺院である。開創は、大同《だいどう》元年（八〇六）坂上田村麻呂《さかのうえのたむらまろ》によるという。本尊は、正観世音菩薩。仁王門をくぐると正面に観音堂、右手に三重塔（県指定文化財）が聳える。安楽寺は、田村麻呂が奥州征討の際に戦勝祈願をして建立したという。また、平将門の乱でも調伏《ちょうぶく》を命じられて効験《こうげん》があったという。現在、厄除観音として信仰を集めている。

華林山慈恩寺は、天台宗で、天長《てんちょう》元年（八二四）に慈覚大師円仁《じかくだいしえんにん》の草創という。本尊は、千手観世音菩薩。『新編武蔵風土記稿』によれば、かつては本坊四二坊、新坊二四坊を擁する大寺であったという。天正十九年（一五九一）には、徳川家康から寺領百石を賜っている。寺名は、円仁が入唐求法《にっとうぐほう》で修学した長安の大慈恩寺の風景に似ているところから名付けられたとされ、この縁で東南三〇〇メートルに玄奘三蔵《げんじょうさんぞう》法師の霊骨塔が建立されている。昭和十七年（一九四二）に南京で日本軍が土木作業中に三蔵法師の霊骨を発掘し、その分骨が石造十三重塔に納められている。なお、当寺から奈良薬師寺にも分骨されている。

㊸ 信仰の対象となった富士塚

木曽呂の富士塚（川口市・地図Ａ２）◉ＪＲ武蔵野線東浦和駅から徒歩20分

平成二十五年（二〇一三）六月、富士山は「富士山―信仰の対象と芸術の源泉」として世界文化遺産に登録された。富士山の優美な風貌は日本国内はもとより国外においても日本の象徴として広く知られている。美しい眺めを楽しむだけでなく、実際に一度は登ってみたいと思うのは、今も昔も変わらない願いだ。

富士塚は、富士山に模して築造された人工の山あるいは塚のことである。江戸時代中期以降、富士講という富士山信仰の集団によって、老若男女誰でもが富士登山ができるように、また遠く離れた地からでも富士山を拝むことができるようにと造られた。この富士塚に登ることで、実際の富士登山の代わりとし、その功徳《くどく》が得られるとされたのである。つまり、富士塚は、遠くから富士山を眺めるだけの高台ではなく、そこは信仰に裏付けられた神聖な場所なのである。

川口市木曽呂の富士塚（画像提供：川口市教育委員会）

富士山は古来より霊峰とされ、特に山頂部は浅間大神《あさまだいじん》が鎮座するとして神聖視されてきた。その噴火を鎮《しず》めるために浅間神社が祀《まつ》られているのである。

また、修験道《しゅげんどう》の霊場としても認識されるようになり、次第に登山をして参拝することが盛んになったが、基本的に女性は登ることを禁じられていたし、実際に登山できる人も限られていた。こうした中、富士塚の築造は多くの信者の願いをかなえたものであった。

木曽呂《きぞろ》の富士塚は、地元で「木曽

呂浅間」「金崎富士」とも呼ばれ、寛政《かんせい》十二年（一八〇〇）に富士講の一派丸《まる》参講《さんこう》信者の発願によって築造された。この寛政十二年の干支は庚申《かのえさる》である。富士山の場合、庚申年には女性の登山を特別に許可していたというから、それに合わせて築造したのだろうか。

木曽呂の富士塚は、高さ五・四メートル、直径二〇メートル、登山道・火口・胎内くぐりなどのほか、富士山烏帽子《えぼし》岩で断食修行をして入定《にゅうじょう》した富士講の指導者食行《じきぎょう》身禄《みろく》の墓など、富士山の聖地が模して造られている。関東にみられる富士塚の中でも古い築造であり、庶民信仰の様相を示す貴重なものとして、国の重要有形民俗文化財に指定されている。（立入り可能区域は要確認のこと）

この富士塚築造から約三十年後、女人禁制の富士登山に挑んだ人物がいる。武蔵国鳩ヶ谷《はとがや》（川口市）出身の小谷三志《こだにさんし》（一七六五～一八四一）である。

小谷三志は、武蔵国鳩ヶ谷宿に生まれ、富士講の先達となるが、従来の富士講に飽きたらず、富士信仰を実践道徳と結びつけた不二道を生み出した。家業精励・質素勤倹・勤労奉仕・夫婦和合などの実践を説き、道路・橋・土手の修繕工事などの土木奉仕事業を主催した。弟子は五万人に及んだとされ、二宮尊《そん》徳《とく》の報徳《ほうとく》思想にも影響を与えた。

三志は、富士講の男女平等思想をさらに徹底させようと、天保《てんぽう》三年（一八三二）高山たつという女性を伴って、女人禁制であった富士登頂を強行した。

たつは尾張徳川家江戸屋敷の奥女中を勤めた女性だという。三志は彼女に男装させて同行者とともに頂上を目指した。このとき三志は六八歳であった。

この登山は成功を収め、女人禁制であった富士山を登頂した初めての女性として、高山たつの名は記録に残り、語り継がれることとなる。

この後も四十年間ほど女人禁制が解かれることは無く、明治期に入ってから、ようやく女性の登山が認められるようになったのである。

木曽呂の富士塚は、見沼代用水《みぬまだいようすい》と見沼通船堀《つうせんぼり》が連結した地点の縁にある。富士塚の築造以前に、既に代用水も通船堀も存在していた。富士塚の上からは富士山が望めるだけでなく通船堀を行き交う船もみることができたであろう。

木曽呂の富士塚は、国指定史跡の見沼通船堀も併せて散策を楽しみたい。

㊹ 盲目の国学者の旧宅

塙保己一旧宅（本庄市・地図B1）　◉JR八高線児玉駅から徒歩約50分

　盲目の国学者塙保己一《はなわほきいち》（一七四六〜一八二一）は、江戸時代中頃の延享《えんきょう》三年（一七四六）に武蔵国児玉郡保木野村《こだまぐんほきのむら》（本庄市児玉町保木野）に生まれ、寅之助《とらのすけ》と名付けられた。生まれつき病弱で、七歳のときに病気のため失明してしまう。しかし、掌に書いてもらった文字を覚えたり、耳で聞いた話を一言一句間違えることなく語ることができるほど、物覚えが良い子供であったという。

　七歳で失明した保己一であったが、さらに不幸に見舞われる。一二歳のときに最愛の母を失ったのである。心細くまた自分の将来を案じているときに、この地を訪ねてきた商人から「太平記読み」で暮らしている人の話を聞き、江戸で学問をしたいという気持ちを募らせていったといわれている。「太平記読み」とは、『太平記』を人々に講釈する人のことである。

塙保己一 旧宅（画像提供：本庄市教育委員会）

こうして、学問をしたいという志を抱いて、一五歳のときに江戸に出て当道座《とうどうざ》（盲人一座）に入り、そこの高位にあった検校《けんぎょう》・雨富須賀一《あめとみすがいち》に弟子入りした。保己一は当道座での修行を積み苦労を重ねて立身し、晩年には当道座の最高位である総検校にまで昇進した。

保己一は国学者としても著名であり、『群書類従《ぐんしょるいじゅう》』や『続群書類従《ぞくぐんしょるいじゅう》』の編纂、さらには和学講談所《わがくこうだんしょ》の設立及び運営、当道座の改革など多大な功績を残している。中でも、『群書類従』の編纂は四一年を費やした大事業であり、正編六六六冊、続編一一八五冊は、現在も日本の文学・歴史を研究する上で欠くことのできない重要な資料となっている。

後年、保己一の編纂した『令義解《りょうのぎげ》』に女医の前例が記載されていたことから、荻野吟子が近代日本初の女医第一号としての道を開いたことはよく知られている。このように、目が不自由でありながら、長年にわたって根気強く積み重ねられてきた保己一の業績は後の世にも大きく貢献している。

保己一の生まれた保木野には、旧宅（国指定史跡）と墓地がある。この地は、保己一が一五歳で江戸へ出るまで暮らした故郷である。

保己一の幼名は寅之助であったが、江戸へ出て盲人としての修行を始めてから名を千弥《せんや》と改名した。その後、周囲の理解を得て学問を始め、宝暦《ほうれき》十三年（一七六三）に昇格すると、これまでの名を保木野一《ほきのいち》と改めている。この名前は故郷に由来しているのだろうか。七歳で失明した保己一が生涯で唯一目にした風景は「ふるさと保木野」である。江戸で暮らす保己一が故郷に想いを馳せたのかもしれない。「塙保己一」の名は、さらに精進を重ねて昇進を果たした三〇歳のときに、塙姓を師匠・雨富検校の本姓からもらって改めたものである。

旧宅からはやや離れているが、本庄市児玉町八幡山にある雉岡《きじがおか》城跡内には塙保己一記念館がある。ここでは、「塙保己一遺品及び関係資料」（県指定文化財）をみることができる。県指定資料約百点のほかにも保己一の遺品を展示している。遺品の中には、保己一が生涯大切に持っていたとされる母手縫いの巾着や江戸に出るときに衣類を納めた「御宝箱」、また保己一が編纂した『群書類従』の版木や刊行資金を借用したという借用証など関係資料も多数ある。なお、同記念館は平成二十七年に移転しリニューアル予定。

※「塙保己一旧宅」は、現在も個人の住宅として使われています。見学の際は外観のみとし、マナーを守ってください。

45 渡辺崋山の名作を残す寺

少間山観音院龍泉寺（熊谷市・地図B1）◉秩父鉄道明戸駅から徒歩約30分

文人画家にして蘭《らん》学者の渡辺崋山《わたなべかざん》（一七九三～一八四一）が相模《さがみ》国厚木の旅から江戸に戻ったのは、天保《てんぽう》二年（一八三一）九月のことである。その翌月十月十一日には、田原藩主三宅《みやけ》家の旧領を三ヶ尻《みかじり》（熊谷市《くまがやし》三ヶ尻）の地に訪ねるため再び旅立った。

同年十一月六日に妹が住む桐生《きりゅう》を出立すると大麻生《おおあそう》（熊谷市大麻生）で一泊。翌日、三ヶ尻村の龍泉寺《りゅうせんじ》に到着した。龍泉寺には約一カ月滞在し、三宅家の祖、三宅康貞《やすさだ》（一五四四～一六一五）の事跡等を調査。そのとき、偶然にも同寺仁王門の落慶にも立ち会った。その後、江戸に戻り、調査の成果をまとめた資料が『訪瓺録』（「ほうちょうろく」。「ほうへいろく」とも）である。

『訪瓺録』によると、観音堂棟札に「天正十八年落成」とあったため、崋山は

渡辺崋山作「松図格天井画」（画像提供：熊谷市）

龍泉寺の開基をその頃と想定した。同寺は不動明王を本尊とするが、狭山池から出現した千手観音で広く知られる。仁王門落慶の翌春には崋山は「松《まつ》図《ず》格天井《ごうてんじょう》画《が》」を贈り、それは今でも現存している。また、龍泉寺は崋山筆「双雁《そうがん》図《ず》」双幅も所蔵している。『訪瓺録』の原本は焼失したが、現在は同寺などが所蔵している貴重な写本によって、その内容を知ることができる。同書には崋山が念入りに描いた挿図もあり、三ヶ尻周辺の風俗を今日に伝えている。

㊻日本一〇〇名城に選ばれた大広間の残る城

川越城本丸御殿（**川越市**・地図A2）◉東東武東上線・JR川越線川越駅または西武新宿線本川越駅から小江戸巡回バス「本丸御殿」下車すぐ、または小江戸名所めぐりバス「博物館前」下車1分

川越城は、長禄《ちょうろく》元年（一四五七）に、上杉持朝《うえすぎもちとも》の命により、家臣の太田道真《おおたどうしん》・道灌《どうかん》親子が築いたといわれている。天正《てんしょう》十八年（一五九〇）、徳川家康の関東入国に伴い、徳川氏譜代《ふだい》筆頭の酒井重忠《さかいしげただ》が一万石をもって川越に封ぜられ、川越藩が立藩した。以後、川越藩は、江戸の北の守りとして重要視され、代々幕府の重臣が藩主となり、川越城には川越藩の藩庁が置かれた。別名、初雁《はつかり》城とも称される。

川越城は、知恵伊豆《ちえいず》といわれた藩主松平《まつだいら》（大河内《おおこうち》松平家）信綱《のぶつな》により、承応《じょうおう》二年（一六五三）から拡張工事がなされ寛文《かんぶん》年間に完成した。なお、信綱による修築以前の川越城の姿は、国立歴史民俗博物館に所蔵される「江戸図屏風《えどずびょうぶ》」でうかがうことができる。

川越城本丸御殿の玄関（画像提供：小江戸川越観光協会）

現存する川越城本丸御殿は、二の丸にあった御殿が弘化《こうか》三年（一八四六）四月に焼失したため、当時の藩主松平（大和守家《やまとのかみけ》）斉典《なりつね》（一七九七〜一八五〇）により、嘉《か》永《えい》元年（一八四八）九月に本丸に再建されたものである。入母屋造《いりもやづく》りで、豪壮な大唐破風《はふ》と霧除けのついた間《ま》口《ぐち》一九間・奥行五間の大玄関・車寄せをもち、川越藩十七万石の風格をしのばせている。当初規模は、一六棟、一〇二五坪（約三三八八平方メートル）であった。

一般的に御殿の建物は、その用途

によって、表《おもて》・中奥《なかおく》・奥《おく》に分類される。表は、城内の儀礼、藩士が政務を行う公的な場である。川越の場合、玄関と藩士の控えの場所である三六畳ある大広《おおひろ》間《ま》、藩主と藩士の謁見《えっけん》の場である大書院《おおしょいん》、家老が政務を行う家老詰所《かろうつめしょ》などで構成されていた。中奥には、藩主が政務をみる小書院《こしょいん》、藩主の私的生活の場である御寝所《ごしんじょ》・御居間《ごいま》などがあった。奥は、藩主夫人や女中《じょちゅう》たちが生活をする場所であった。

明治維新後の廃城令により、川越城は明治三年（一八七〇）頃から廃棄が始まり、建物は解体や払下げが行われた。この結果、現在残る建物は玄関・大広間部分（一七三坪・約五七〇平方メートル）と家老詰所（五四坪）のみとなっている。なお、本丸御殿大広間は川越城のほかには高知城にしか現存せず、全国的にみても貴重な遺構である。

玄関・大広間部分は、入間県《いるまけん》県庁、入間郡公会所、煙草専売局淀橋支局川越分工場へと移築転用され、昭和八年（一九三三）には川越武道奨励会の修練道場となった。太平洋戦争後は、川越市立第二中学校（現在の初雁中学校）の校舎や屋内運動場として使用されていた。昭和四十二年（一九六七）、県指定有形文化財となり、現在に至っている。

家老詰所については、明治六年（一八七三）、上福岡市（ふじみ野市）の民家に移築されて昭和六十二年（一九八七）まで母屋として使用されていたものを再度移築したものであり、位置は以前とは異なっている。光西寺（川越市）所有の「川越城本丸御殿平面図」によると、現在地より約九〇メートル西側に建てられていたことがわかる。木造平屋で寄棟《よせむね》造り、桟瓦葺《さんかわらぶき》の屋根であり外観は質素である。こちらも平成三年（一九九一）に県指定有形文化財に追加指定された。

平成十八年（二〇〇六）、川越城は日本一〇〇名城に選定されている。

藩主斉典の事績をあきらかにしておこう。斉典は、借財を強引に整理することを画策し、商業が栄え肥沃な庄内《しょうない》平野をもつ庄内転封の幕命を出させることに成功した。このため庄内藩主酒《さか》井《い》忠器《ただたか》は越後長岡藩へ、越後長岡藩主牧《まき》野《の》忠《ただ》雅《まさ》は川越藩へ転封されることになった（三方領知替え）。しかし、庄内農民の反対強訴《ごうそ》で転封が滞るうちに、幕命撤回となり転封は中止されたのであった。

47 皇女和宮が宿泊した埼玉県内唯一の遺構

桶川宿本陣（桶川市・地図A1）◉JR高崎線桶川駅西口から旧中山道を北に約五〇〇メートル

文久《ぶんきゅう》元年（一八六一）十月二十日、総勢二万五千人の行列が京都を出発した。目指すは、江戸城。行列の主は、和宮親子《かずのみやちかこ》内親王《ないしんのう》。皇女和宮《こうじょかずのみや》である。

和宮は、幕府第十四代将軍徳川家茂《いえもち》の正室、いわゆる御台所《みだいどころ》として嫁すために江戸へ下ることとなった。三代将軍家光《いえみつ》以降の歴代将軍は、京都の宮家や五摂家《ごせっけ》の姫を御台所として迎えることが慣例となっていた。しかし、和宮は初めて皇女、つまり天皇の姫君として嫁すこととなったのである。父君は仁孝《にんこう》天皇であるが、生まれたときには既に崩御《ほうぎょ》され、兄の孝明《こうめい》天皇の代となっていた。

この頃の社会は、黒船来航や安政《あんせい》の大獄《たいごく》など世情不安であり、幕府としても政治の安定を図るため公武一和《こうぶいちわ》を目指し、和宮の降嫁《こうか》を天皇に奏上し、ようやく実現したのである。

桶川宿本陣遺構(画像提供:桶川市教育委員会)

十月二十日、和宮の乗る御所車《ごしょぐるま》(牛車)が静かに動き出した。和宮は、京都の町を出るところで輿に乗り換え、東海道を下って草津宿で中《なか》山道《せんどう》に進路をとり、木曽の険阻《けんそ》な山道に入り、さらに碓氷峠《うすいとうげ》を越えて関東平野へと道を辿った。一般に東海道に道をとる方が容易であるが、政情不安定な時期でもあり、大井川などのような大河が少ないため川留めがなく、安定した行程が組めることから中山道通行となった。和宮以前にも、四人の姫君たちが中山道を江戸に下っている。

武蔵国に入った和宮は、十一月十一日に本庄宿《ほんじょうじゅく》本陣に宿泊。翌日は熊谷《くまがや》宿《じゅく》。十三日には桶川宿本陣《おけがわじゅくほんじん》に宿泊した。和宮一行を受け入れる中山道の各宿場は、早くから受け入れ準備に追われていたが、桶川宿では、直前になって夜《や》具《ぐ》（蒲団）や食事の膳椀類が足りないことが判明した。幕府の威信をかけた皇女の降嫁行列であり、宿場側でも失態は許されない。そこで、桶川宿では、降嫁通行に影響のない日光道中の粕壁《かすかべ》・杉戸《すぎと》・幸手《さって》・栗橋《くりはし》の四宿に、蒲団を二千人分、膳椀千二百人前、煮売りのできる者（料理人）二十人の借用を依頼している。そこで四宿では、七百人分の蒲団、千人前の膳椀と二十人の料理人を提供した。日光道中を往来する旅人もおり、自分たちの生業に差し支えることもあったが、相身互いということであったのだろう。

一方、桶川宿本陣では、和宮を受け入れるために本陣を増改築している。現在残されている埼玉県内の和宮ゆかりの史跡としては、桶川宿本陣遺構が唯一であり、県指定文化財（建造物）となっている。（※非公開のため、一般公開日については、桶川市教育委員会の問合せのこと）

また、履物も他の宿場の本陣では草履であるが、ここでは京都の姫君ということでぽっくり状の履物を用意している。

和宮が桶川宿で供された食事の献立をみてみよう。

【夕食】大根・揚麩・椎茸の酢の物　牛蒡・蒟蒻・椎茸の煮物　百合根と小豆の赤だし味噌汁　水菜の胡麻油和え　御飯と香の物

【朝食】はまち・長芋・椎茸　鮑・蓮根の梅肉和え　鰆の付焼き　青味（葱か）を加えた赤だし味噌汁　御飯と香の物

和宮の食材は地の産物を中心にしているが、鮮魚は江戸日本橋の魚河岸から、わざわざ取り寄せたのだろう。このようにさまざまなおもてなしをして、無事和宮の行列を見送ったのである。

行列は、浦和で昼食をとり、戸田で荒川を渡船で越えて板橋宿で一泊、十五日に江戸城清水家明屋形に到着。翌文久二年（一八六二）二月十一日、徳川家茂の御台所となった。しかし、家茂は、慶応《けいおう》二年（一八六六）八月、大坂城で陣没し、和宮にとってはわずか四年の結婚生活であった。

㊽ 激動の幕末から明治を生きた根岸友山・武香父子

根岸家長屋門（**熊谷市**・地図A1）◉JR高崎線熊谷駅または東武東上線東松山駅からバス「冑山」下車徒歩2分

根岸友山《ねぎしゆうざん》は文化《ぶんか》六年（一八〇九）、甲山村《かぶとやまむら》と箕輪村《みのわむら》の名主を勤める豪農の根岸家に生まれ、明治二十三年（一八九〇）に八二歳で没した。文武の修行に励み、自邸内に私塾「三餘堂《さんよどう》」、道場「振武所《しんぶしょ》」を設け、近郷の子弟に学問や剣術を教えた。この「振武所」が置かれたのが根岸家長屋門である。

友山は、豊富な資産と人脈を活かし、尊皇攘夷の志士とも交流していた。文《ぶん》久《きゅう》三年（一八六三）には、尊皇攘夷派の清川《きよかわ》八郎の呼びかけに応じ浪士組に参加、門人らとともに一番組小頭として上洛したが、浪士組が朝廷に尊皇攘夷の建白《けんぱく》をしたことから、幕府により江戸に東下《とうか》させられる。友山は江戸に帰り新徴組《しんちょうぐみ》に参加した。京都には新撰組《しんせんぐみ》が残った。

武香《たけか》は天保《てんぽう》十年（一八三九）に友山の次男として生まれ、明治三十五年

根岸家長屋門（画像提供：熊谷市）

（一九〇二）に六四歳で没している。江戸で文武の修行に励んだ武香は、明治元年（一八六八）大惣代《だいそうだい》名主役、明治三年（一八七一）弾正《だんじょう》台巡察属《だいじゅんさつぞく》に任ぜられ、地方行政に携わり、以後、浦和県、入間県、熊谷県の行政にかかわる。明治十二年（一八七九）に埼玉県議会が開設されると県会議員に選出され、初代副議長、翌年に第二代議長となり、明治二十三年にも再度議長になる。

　武香は政治に励むかたわら、明治十年（一八七七）東京帝国大学のモース教授が行った大森貝塚の発掘に触発され、同じ年の十一月に黒岩横穴群の発掘を行った。これを機に、モース教授はじめ多くの研究者が根岸家を訪れ黒岩横穴群を見学した。明治十九年（一八八六）武香は創設間もない東京人類学会に入会し、明治二十年（一八八七）には、東京帝国大学大学院生の坪井正五郎《つぼいしょうごろう》とともに吉見百穴を発掘し、六カ月の調査で二三七基の横穴を発見する成果をあげた。

武香の文化面での大きな功績の一つに、武蔵国の歴史研究に欠くことのできない基礎資料『新編武蔵風土記稿』の出版がある。これは、江戸幕府が編纂し天保元年（一八三〇）に完成したものの、幕末の動乱を経る中で出版に至らなかったもの。内務省地理局から出版・販売のすべてを委任された武香は、全八〇冊の頒布価格を二〇円、事前予約の場合一六円、四冊ずつ二〇回に分けて配本時に八〇銭を払い込む方式とするなど、出版業としての工夫に努めている。

さて、根岸家長屋門だが、友山が当主であった天保十二年（一八四一）に作成された根岸家屋敷見取図には長屋門とともに酒造蔵が描かれていることから、酒造を始めたとされる寛政《かんせい》年間（一七八九〜一八〇一）には建てられていたと考えられる。建物正面間口一三間・奥行三間の規模は埼玉県内でも筆頭の建築面積を有するもので、入口の左右の部屋の空間の広さが異なり、左側（西側）が広く、見取図では振武所と記されており、広さを活かして剣術場として利用されていた。また、屋根は創建当初より桟瓦葺《さんがわらぶき》（平瓦の隙間を丸瓦で覆う本瓦葺に対し、平瓦を波形に整形することにより、丸瓦の機能を併せもつ現在最も一般的な瓦）であった。低廉《ていれん》、軽量で、量産しやすい桟瓦が関東で用いられ始めたのは少なくとも明和《めいわ》年間（一七六四～一七七二）以降とされており、根岸家では、長屋門建設に際し最新の技術を取り入れたものと考えられている。

根岸家長屋門は桜の季節が最も美しく、すぐ側の根岸家の墓地には友山と武香、根岸家に逗留し、友山に『易経《えききょう》』などを講じ、明治元年根岸家で亡くなった漢学者の寺門静軒《てらかどせいけん》の墓があります。平成二十二年（二〇一〇）に修復工事が終了し、振武所として使われたスペースを「友山武香ミュージアム」として公開している。

49 山あいの名瀑と旧幕府方勇士の碑

黒山三滝（越生町・地図B2） ◉JR八高線・東武越生線越生駅から黒山行きバス終点「黒山」下車徒歩20分

入間川《いるまがわ》の支流越辺川《おっぺがわ》を県道六一号線に沿って遡《さかのぼ》ると、川は左右に別れる。右の三滝川沿いの小道を上れば、黒山三滝《くろやまさんたき》に辿り着く。道沿いには、川魚の養殖場や土産物屋がある。まっすぐ進めば男滝、女滝、下流の沢を入れば天狗滝がみられる。黒山の地は古く修験道《しゅげんどう》で栄えた。十四世紀に僧栄円《えいえん》が山本坊を開き、本山派修験道場とした。三滝はその修業の地だった。その後江戸時代半ばには三滝を下った津久根《つくね》の出身で吉原に遊郭を開店し成功した尾張屋三平《おわりやさんぺい》（新井宗《むね》秀《ひで》）が男滝女滝を夫婦和合の象徴として宣伝、行楽地として市中に知られた。

ところでこの黒山の地は歴史上の悲劇の舞台でもある。三滝の入口まで戻り、今度は顔振峠《こうぶりとうげ》への道を進むと、間もなく路傍に渋沢平九郎《へいくろう》自決之地の碑がある。渋沢平九郎は榛澤郡下手計村《はんざわぐんしもてばかむら》（深谷市《ふかやし》）の尾高家に生まれ、義兄渋沢栄一が慶《けい》応《おう》三年（一八六七）に渡欧する際に養子となった人物である。翌年、幕末の内乱の中で平九郎や渋沢家、尾高家の人々は旧幕府方に立ち、振武軍を組織、飯《はん》能《のう》で新政府方と戦い、敗北した（飯能戦争）。平九郎は顔振峠を越え、黒山に敗走したが、敵方に遭遇、自刃する。その逸話はダッソサマ（脱走様）という信仰となって長く記憶された。碑は栄一の嫡孫、渋沢敬三の揮毫《きごう》で建立された。碑の右方の石は自決の場所とされ、近くの全洞院《ぜんとういん》には墓がある。

黒山三滝（男滝と女滝）

コラム

埼玉県のスポーツ～サッカー～

SAITAMA

埼玉県はサッカー王国として知られ、かつては静岡県と広島県とともに、高校サッカー御三家として全国に名を轟かせていた。

埼玉のサッカーは、明治41年（1908）に埼玉師範学校（現・埼玉大学）に細木志朗が着任して蹴球を指導したことに始まる。埼玉師範学校で学んだ教員が赴任した各学校で普及させ、次第に県内に広まっていった。埼玉師範学校は、昭和12年（1937）に全国優勝するなど、埼玉のサッカーは確実に根付いていったのである。

戦後の埼玉のサッカーでは、浦和高校が、昭和26年（1951）1月の浦和西高戦から、翌年夏に韮崎高校に敗れるまで実に69連勝を飾ったことが特筆される。また浦和市（現・さいたま市）は、浦和高、浦和西高、浦和市立高、浦和南高など全国大会優勝常連校があり、浦和南高は漫画「赤き血のイレブン」として取り上げられ、全国的にも有名となった。

さらに、大宮公園に我が国最初のサッカー専用スタジアムが建設され、昭和39年（1964）の東京オリンピックのサッカー会場となり、埼玉のサッカー熱にさらに拍車をかけた。

今日、Ｊリーグの浦和レッズと大宮アルディージャ、なでしこリーグの浦和レッズレディースやＡＳエルフェン埼玉などプロリーグも熱い戦いを繰り広げ、少年少女から高齢者まで裾野が広がり、サッカー王国埼玉となっている。

近現代

50

大宮の地名になった武蔵国の総鎮守

氷川神社（さいたま市・地図A２）◉ＪＲ大宮駅または東武野田線北大宮駅から徒歩15分

氷川神社《ひかわじんじゃ》は、多摩川の東側から元荒川の西側の地域（神奈川県東部から埼玉県・東京都にかけて）に多く祀《まつ》られており、その数は二二〇社を超えるという。この氷川神社の総本社とされ、「武蔵一宮《いちのみや》」として崇敬されてきたのが、さいたま市大宮区高鼻町《たかはなちょう》に鎮座する氷川神社である。大宮の地名も、ここに「大いなる宮居《みやい》」すなわち氷川神社が鎮座することに由来する。

氷川神社は、社記によれば第五代孝昭《こうしょう》天皇三年（紀元前四七三）四月の未の日、出雲《いずも》国（島根県）に鎮座する杵築《きづき》大社を遷《うつ》し、氷川神社の神号を賜ったことに始まると伝えられる。「氷川」の神号は出雲国を流れ、八岐大蛇《やまたのおろち》伝説の舞台として知られる肥河《ひのかわ》（現在の斐伊川《ひいかわ》）に由来し、須佐之男命《すさのおのみこと》・稲田姫命《いなだひめのみこと》、大己貴命《おおなむちのみこと》の三柱を主祭神とする。須佐之男命は八岐大蛇を退治したことで知ら

氷川神社 楼門（画像提供：さいたま観光国際協会）

れる力強く雄々しい神であり、稲田姫命はその妃《きさき》、そして大己貴命はこの二神の御子であり国土経営の神として信仰が厚い。また、氷川神社では八雲紋を神紋としているが、これは「八雲立つ　出雲八重垣　妻籠みに　八重垣作る　その八重垣を」という須佐之男命の神詠《しんえい》にちなんだものである。

第十二代景行《けいこう》天皇の御代には東国に至った日本武尊《やまとたけるのみこと》が氷川神社に参拝して東夷鎮定《とういちんてい》の祈願を行い、第十三代成務《せいむ》天皇の御代には出雲族の兄多毛比命《えたもひのみこと》が朝廷の命により武蔵《むさし》の国造《くにのみやつこ》となって氷川神社を奉崇し、さらに聖武《しょうむ》天皇の御代（七〇一～七五六）に「武蔵一宮」に定められたと伝えられる。十世紀初頭に編纂された延喜式神名帳《えんぎしきじんみょうちょう》には「氷川神社　名神大。月次新嘗《つきなみにいなめ》」と記されており、このことから、当時既に武蔵国を代表する神社として格別の待遇を受けていたことが推測される。またその神階《しんかい》も『三代実録』によれば天安《てんあん》三年（八五九）には従五位下であったものが、元慶《がんぎょう》二年（八七八）には正四位上まで上がり、武蔵国内の諸社の中では最上位に除されている。

平将門《たいらのまさかど》の乱に際し平貞盛《さだもり》が氷川神社に将門の調伏《ちょうぶく》祈願を行ったように武家の信仰も厚く、治承《じしょう》四年（一一八〇）に源頼朝が武蔵国入国とともに社殿の再建を命じ、徳川氏によっても文禄《ぶんろく》五年（一五九六）に社頭造営、寛文《かんぶん》七年（一六六七）に社頭整備と社殿建立が行われるなど、関東に幕府を置く将軍家にとっても重要な神社であったことがうかがえる。

明治元年（一九六八）十月十三日、明治天皇は都を東京に遷された。そのわずか四日後の十月十七日に勅書《ちょくしょ》を発布され、祭政一致の方針を示すとともに氷川神社を武蔵国の鎮守として勅祭する社に定められた。さらに十月二十八日には氷川神社に行幸され、関東の神社の中で最初に御親祭を執り行われた。明治天皇は明治三年（一八七〇）十一月一日にも氷川神社に行幸され、御親祭を執り行われた。県指定文化財の「氷川神社行幸絵巻」は、この祭儀を山田衛居《もりい》が一三メートルもの絵巻として描いたものである。翌明治四年の社格制度の発足に際しては、明治天皇が行幸され、祭政一致の範を垂れた神社として官幣《かんぺい》大社に列された。こうした経緯から昭和天皇皇后両陛下・今上天皇皇后両陛下の御親拝にも預かり、昭和四十二年（一九六七）には明治天皇御親祭百年大祭が盛大に行われた。また八月一日の例祭には毎年勅使の参向がある。

氷川神社は、江戸時代には男体社・女体社・簸王子《ひおうじ》社の三社が境内にあり、これらを合わせて氷川明神と称していたが、明治十五年（一八八二）に女体社と簸王子社を廃して男体社に三神を祀るようになり、さらに昭和十五年（一九四〇）に社殿・楼門《ろうもん》等が改築され、現在の姿になった。なお、隣接する大宮公園は、氷川神社の旧社地を元に都市公園として整備されたものである。

51

近代最大の農民蜂起「秩父事件」決起の舞台

椋神社（秩父市・地図B1）◉西武秩父線西武秩父駅から秩父吉田線吉田元気村行きバス「龍勢会館」下車徒歩12分

明治十七年（一八八四）十一月、日本近代における最大の農民蜂起である秩《ち》父《ぶ》事件が発生する。幕末から近代初頭の秩父地域は養蚕《ようさん》で栄えたが、西南戦争などによる支出増による財政の危機に対応した紙幣整理政策による不況、いわゆる松方《まつかた》デフレによって生糸価格は大幅に下落、他方で地方税も増加し、秩父の養蚕農家の中にも困窮するものが続出した。高利の融資を返済できず、「身《しん》代限《だいかぎり》」つまり、家産の一切を売却して返済にあてなければならない人々も出てくる。彼らは困民党《こんみんとう》と呼ばれる集団を組織し、負債減免の訴えを起こす。一方、政治的自由と国民の負担軽減を求める自由民権運動を進めていた自由党は、農村に入り支持を拡大しようとし、秩父にも党員が生まれた。農民の困窮と自由党員の運動が結びつき秩父事件が起こる。

椋神社 拝殿

上吉田の高岸善吉、下吉田の坂本宗作、落合寅市たちは、明治十六年頃から、困民救済のために負債返済の延期、学校の休校や減税を求めたが、郡役所や高利貸はそれを受け入れなかった。彼らは自由党に入党し、同じく党員だった下吉田の井上伝蔵たちと計り、田代栄助を首領に迎えて武装蜂起の準備を進めていく。こうした動きが秩父事件となる。

下吉田の椋《むく》神社は、この秩父事件蜂起の場所である。十一月一日、上下吉田を中心とした秩父の人々に群馬県、長野県の人々も加わった困民党勢は二つの大隊を編成し、この椋神社を出発、警官隊と戦いながら、翌日には大宮郷の郡役所を占拠した。彼らは大宮の町で官庁を破壊し、高利貸を攻撃した。大宮に集合した困民は八千とも一万ともいわれた。その後、陸軍が派遣した憲兵隊、東京鎮台《ちんだい》の部隊と交戦して破れ、困民党勢の隊は解散、長野県へと敗走、十一月九日の東馬流《ひがしまながし》の戦いを最後に壊滅した。

秩父事件の中心人物の一人、井上伝蔵は豪商丸井商店の主人であり、戸長役場の筆生、村会議員を務めた人である。中央の自由党幹部とも親しい開明的な人物だった。事件後、最高幹部はじめ一二名が死刑となり、約三千八百人の人々が罰せられたが、困民党勢の会計長をつとめた井上は身を隠し欠席裁判で死刑の判決を受けた。彼は北海道に渡り、伊藤房次郎という変名で新たに家族をもうけて生活した。大正七年（一九一八）、死の間際に秩父事件の幹部であることを打ち明けたという。

秩父事件は、一般国民による議会が存在せず、政治的権利が十分でなかった時代に、地域の人々が生活の困窮からの解放と理想の社会の実現を訴えたできごととして大きな歴史的意味をもっている。

　椋神社は八世紀の創建とされ、延喜式神名帳《えんぎしきじんみょうちょう》に記載がある。祭神は猿田彦《さるたひこの》命《みこと》。ロケットを奉納する奇祭、毎年十月の龍勢祭《りゅうせいまつり》が行われることでも有名だ。本殿は秩父市指定有形文化財（建造物）。現在の拝殿は秩父事件当時のものではない（大正十年（一九二一）に改築）が、静かな境内には事件百周年を記念した石碑があり、事件を偲ぶことができる。また椋神社から徒歩一五分ほどの位置にある、道の駅龍勢会館に隣接して、事件から一二〇年を記念して製作された映画「草の乱」（神山征二郎監督）の撮影で使用された丸井商店井上伝蔵邸のオープンセットが残されている。セットは秩父事件資料館・井上伝蔵邸として、映画の撮影に使用された小道具のほか、井上や秩父事件に関する資料を展示している。

52 日本の近代化を支えたレンガ工場

日本煉瓦製造株式会社上敷免工場の故地（現煉瓦史料館／深谷市・地図B1） ◉ＪＲ高崎線深谷駅から車で10分またはコミュニティバス西循環「浄化センター前」下車すぐ

ＪＲ高崎線深谷《ふかや》駅に降り立つと、煉瓦《れんが》調のシックな駅舎が出迎えてくれる。この駅舎は、昨年建設当時の姿に復元されて話題になった東京駅をモチーフにしており、東京駅建設に使われた煉瓦が、深谷市内の日本煉瓦製造会社上敷《じょうしき》免《めん》工場で製造されていたことにちなんでいる。

明治の急速な近代化を支えたのは、鉄道・電気・水道・ガスといった都市インフラの整備であった。また、文化国家に相応しい首都景観として、明治十年（一八七七）銀座煉瓦街の全一四四二戸が完成、明治十九年（一八八六）には日比谷に煉瓦造りの官庁街が計画された。こういった都市計画事業には大量の国産煉瓦が必要とされ、その調達は大きな課題となっていた。

そこで、当時既に実業家として重きをなしていた渋沢栄一は、明治二十年

ホフマン輪窯6号窯の内部（非公開、画像提供：深谷市教育委員会）

（一八八七）、益田孝らと共に日本煉瓦製造会社を興《おこ》した。工場は、渋沢の生家に程近い武蔵国榛沢郡《はんざわぐん》血《ち》洗《あらい》島村《じまむら》（深谷市）の上敷免に建設され、明治二十二年（一八八九）より、本格的な操業を開始した。また、会社は翌明治二十三年、広く株式を募って株式会社となる。

上敷免工場は日本最初の本格的な機械製造煉瓦工場で、それまで型枠を使った手作業で行っていた成形工程にワイヤーカット成形機を導入し、焼成には改良型のホフマン輪窯《りんよう》を採用した。ホフマン輪窯は、ドイツ人フリードリヒ・ホフマンが開発した、ドーナツのような環状《かんじょう》の窯で、トロッコに積まれた成形済み煉瓦は環状の窯の中をゆっくりと一周する間に、予熱・焼成《しょうせい》・冷却の工程を経て完成する。この窯を使うと、焼成の火を絶やさずに、効率よく、大量の煉瓦を焼くことができた。

また、製品は、「上敷免製」「日煉」などの刻印が打たれているため、他社の製品と容易に識別でき、近現代遺跡の発掘調査では重要な遺物となっている。

こうして最新の設備で大量生産された上敷免の煉瓦を使って、明治時代の終わり頃には、三菱一号館・司法省（現法務省）・日本銀行本店といった近代煉瓦建築が次々と竣工していった。そして、大正三年（一九一四）には、首都の玄関東京駅が完成・開業したのである。

一方、渋沢は東京駅が開業する五年前の明治四十二年（一九〇九）、古希《こき》を迎えたのを機に取締役会長職を退いた。近代日本資本主義の父といわれる渋沢は生涯に五百社以上の企業に関与したが、日本煉瓦製造株式会社へのかかわり方は中でも特に深く、設立準備から経営や資金調達まであらゆる局面で力を尽くした。事業の進捗は決して順調とはいえず、さまざまな問題に突きあたったが、それでも深い愛着をもって経営にあたったのは、自身の郷里に拠点を置く唯一の企業であったことが大きかったようだ。会社も、そんな渋沢の功績を讃え、昭和八年（一九三三）、渋沢が没するまで、四半世紀もの間、渋沢が退いた後の会長職を空席としていた。

さて、会社は大正十二年（一九二三）の関東大震災を機に、煉瓦建築の耐震性が疑問視されるようになると、苦境に陥る。そして、業界不振の中で太平洋戦争や高度成長期を経験、平成十八年（二〇〇六）、長い歴史の幕を閉じた。

現在、上敷免工場の故地には、旧事務所（展示施設として毎週金曜日公開）・旧変電室・ホフマン輪窯6号窯の三施設が残されている。また、製品輸送のため明治二十八年（一八九五）に敷設された貨物専用の鉄道引き込み線の跡は遊歩道となっており、当時の鉄道橋を歩いて渡ることができる。

なお、これら三施設と遊歩道の備前渠鉄橋《びぜんきょてっきょう》は、平成九年（一九九七）、日本の近代化を支えた貴重な遺産として、国指定重要文化財となっている。

53 若き宮沢賢治が宿泊した旅館

旧本陣寿旅館（小鹿野町観光交流館／小鹿野町・地図B1）◉西武鉄道西武秩父駅・秩父鉄道秩父駅から小鹿野車庫または栗尾行きバス「町立病院前」下車徒歩1分

小鹿野《おがの》は、武蔵と上野・甲斐・信濃の諸国とを結ぶ交通の要衝にあって、宿場町や物資の集散地として発展してきた。近世には毎月五・十の日に生糸などを売買する市が立ち、三峯《みつみね》参詣や秩父《ちちぶ》札所巡りをする人々の宿泊地としてもにぎわった。現在でもその町並の中には近世から近代にかけての宿場町の面影をとどめた家々が残っており、旧本陣 寿《ことぶき》旅館もその一つである。

本陣寿旅館は、八代将軍徳川吉宗の治世の明和《めいわ》二年（一七六五）に秩父の天領を治める代官の出役所として設けられたことに始まる老舗旅館であった。その館内には代官が宿泊するときに使われたという代官の間があり、代官に供する食事として創始されたという代官料理が名物として知られていた。また明治十七年（一八八四）には秩父困民党《こんみんとう》の参謀長・菊池貫平が宿泊しており、直木

旧本陣寿旅館　現 小鹿野町観光交流館（画像提供：小鹿野町）

賞作家の井出孫六は菊池が泊まった部屋に滞在して秩父事件を扱った『峠の軍談師』を執筆したという。しかし、平成二十年（二〇〇八）に惜しまれつつも廃業に至り、その後町がこの建物を購入して改修を行い、平成二十三年（二〇一一）十月に小鹿野町観光交流館がオープンした。

　この改修の際に、館主であった田《た》隝保《じまたもつ》が明治三十六年（一九〇三）から昭和二十四年（一九四九）に使っていた日記帳が発見され、町教育委員会が整理を行ったところ、その中から大正五年（一九一六）に宮沢賢治ら盛岡高等農林学校の一行が宿泊したことを記した記事が確認された。秩父地域は明治時代に地質鉱物学者の神保小虎によって地質学を学ぶ者にとって格好のフィールドとして紹介され、全国各地から研究者や学生らが訪れるようになっていた。当時、盛岡高等農林学校の二年生であった宮沢賢治もその一人で、関豊太郎教授・神野幾馬助教授の引率により級友らとともに秩父を訪れたのであった。

賢治らの来県は地質旅行という学校の課外授業によるものであったが、残念ながら後身の岩手大学にはこの旅行の記録が残っていない。そのため、賢治が旅行中に親友の保阪嘉内《かない》へ差し出した書簡や三峯神社『日鑑《にっかん》』の宿泊記録などを手がかりに、九月二日に上野駅を出発した一行は熊谷に宿泊、三日は寄居《よりい》・長瀞《ながとろ》を経て皆野町《みなのまち》の国神に宿泊、四日は馬車で小鹿野に向かいここで宿泊、五日は三峰山に登り三峯神社の宿坊に宿泊、六日に下山し秩父に宿泊、七日に帰途に着いたという行程が有力な説として考えられてきた。小鹿野での宿泊先としては、この説を提唱した萩原昌好により本陣寿旅館が候補とされてきたものの、当時の宿帳などの記録が現存しなかったため確証は得られていなかった。しかし、この田鴎保日記の記事により、小鹿野での宿泊先が確定したばかりでなく、秩父での宿泊先が角屋であったこと、また賢治の歌稿中に「小鹿野」と題して記されている「さわやかに半月かゝる薄明の秩父の峡のかへり道かな」という短歌の「秩父の峡《かい》」が従来考えられていた「ようばけ」ではなく赤平川《あかびらかわ》上流の「皆本沢《みなもとざわ》」であったことなどが判明した。

小鹿野町観光交流館の一階に設けられた「郷土ギャラリー」では、小鹿野歌舞伎や秩父銘仙に関する資料とともに宮沢賢治の宿泊に関する資料が展示され、旅館として営業していた頃の部屋の造りを残しながら改装された二階にも賢治らの旅行について詳しく解説したパネルが設置されている。さらに、平成二十四年（二〇一二）十二月に小鹿野町と小鹿野賢治の会によって中庭に賢治の代表作の一つである「雨ニモマケズ」の詩碑が建立された。このほか小鹿野町の町内には、おがの化石館と小鹿野町役場の構内にも賢治の歌碑がある。

54

「昭和の広重」も描いた美しい境内

上之村神社（大雷神社／熊谷市・地図A1）◉熊谷駅から車で10分

中世成田氏の本貫《ほんがん》に位置した上之村《かみのむら》神社（摂社雷電《らいでん》神社）は、かつては「久《ひさ》伊豆社《いずしゃ》」あるいは「久伊豆明神社」と号し、「武州四家」の成田氏の庇護を受けた。天正《てんしょう》十八年（一五九〇）、豊臣秀吉の小田原城攻略を契機に、成田氏の庇護から離れ、関東に転封した徳川氏の支配となった。慶長《けいちょう》九年（一六〇四）十一月、家康により久伊豆明神領として上之村内三十石を安堵《あんど》。十七世紀中期の建立と考えられる本殿は正面約九尺の一間社で、頭貫《かしらぬき》上の蟇股《かえるまた》には十二支を彫刻している。摂社の雷電神社には、永禄《えいろく》元年（一五五八）と推定される忍《おし》領主成田長《なが》泰《やす》の銘記のある扉が伝存するが、現存する社殿は、室町時代にさかのぼる様式ではない。明治二年（一八六九）、「久伊豆社」は現在の名に改められた。

「昭和の広重《ひろしげ》」とも呼ばれた画家川瀬巴水《はすい》（一八八三〜一九五七）は埼玉県内

も訪れており、昔懐かしい埼玉の光景を色鮮やかに現代に伝えている。記録によれば、昭和七年（一九三二）七月四日に、「雨の荒川」「熊谷大雷神社」「リユウエン寺」（熊谷市龍淵寺《りゆうえんじ》）を訪ねている。この日のスケッチ旅行には、版元であった渡邊版画店の二代目店主渡邊規も同行していた。鳥居の前では、蝉取りに必死になっている子供が急に飛び出してきたという。その光景をそのまま表現したのが「熊谷大雷神社」（昭和七年八月作）であろう。

川瀬巴水「熊谷大雷神社」（埼玉県立歴史と民俗の博物館蔵）

55

小江戸川越と万能の天才画家

蔵造りの町並み（川越市・地図A2）◉西武新宿線本川越駅・東武東上線川越市駅から徒歩15分

小江戸と呼ばれる街、川越を象徴する景観といえば、町の中心を南北に通る一番街周辺の蔵造《くらづく》りの建造物群である。最も古い「大沢家住宅」は寛政《かんせい》四年（一七九二）のもので、重厚な漆喰塗《しっくいぬり》、瓦葺《かわらぶき》の建物がならぶ「蔵造りの町並み」は、江戸時代の町がそのまま現在まで残っているような印象を受ける。しかし、このような町並みが形成されたのは実は明治時代半ば以降のことである。

川越は明治に入り三度の大火に見舞われた。特に明治二十六年（一八九三）の川越大火は町の大半を焼失し被害も甚大であった。その中で蔵造りの建物は大火に耐えて残ったため、以後の町の再建では耐火を重視した蔵造りの建物が多く採用されるようになったのである。

街中に店と蔵を構える川越商人たちにとって防火が切実な問題であったこと

蔵造りの町並み（画像提供：小江戸川越観光協会）

はいうまでもないが、莫大な費用と日数がかかる店蔵を建てることができたのは、商人たちの経済力があってこそであった。景観としては江戸の名残といえる蔵造りであるが、一方で近代川越の経済活況を象徴するものともいえる。

蔵造りの町並みの東に位置する旧城郭のあたり、郭町《くるわまち》に生まれたのが画家・小村雪岱《こむらせったい》（一八八七〜一九四〇）である。

雪岱は本名を泰助といい、四歳のときに父の鉄道会社勤務のため東京下谷の根岸へ移るが、翌年、父を亡くし母とともに川越へ戻った。明治二十五年（一八九二）、六歳のときである。間もなく母も離籍し小村家を出、以後泰助は叔父に養育されることとなった。川越小学校、続いて坂戸高等小学校を卒業し、一五歳でふたたび東京へ出るまで少年時代を過ごした川越は、まさに大火の後の再建まっただ中であったはずである。また明治二十八年（一八九五）には川越に鉄道が開通、町は活気に満ちていたことだろう。しかし、後年雪岱が川越の思い出を語った文章には、失われゆくものへの哀惜を感じさせるものが多い。

雪岱の画業は、本の装幀《そうてい》、新聞小説の挿絵、舞台美術など多岐にわたるものであった。装幀では特に泉鏡花《いずみきょうか》の本を手がけたことが知られる。挿絵画家としては、昭和八年（一九三三）、邦枝完二《くにえだかんじ》作の新聞小説「おせん」の挿絵で評価と人気を決定づけた。それら雪岱の作品は、江戸情緒を醸しだしながらも近代的な洗練を感じさせる。江戸の情緒を愛し、見つめ続けた雪岱の人生と、近代化へと進む川越の町の発展がまったく同時代のできごとであるのも何か象徴的に思える。

近代化によって、いずれ川越から失われてゆくものの一つに新河岸川《しんがしがわ》の舟運がある。鉄道が通るまで川越の経済を支えたのは舟運であった。雪岱が東京との行き来に利用したのもまた舟であった。雪岱は、幼い頃祖父に連れられ、川越から花川戸へと夜船で向かい浅草寺参りをしたという。夜船とは、午後遅くに川越を出て、翌正午頃に花川戸へ着く貨客船のことである。また、父を亡くし川越へ戻ったときも、雪岱はこのルートを通って花川戸から川越へ来ている。雪岱がそのときのことを書いた「女を乗せた船」という文章がある。荷物と一緒に船に乗り、一晩泊まりで川越へ来る。夜の川の静けさ、不気味さ、そしてすれ違った舟に乗っていた儚《はかな》げな女の様子を綴り、雪岱の心細さを映し出すような文章である。雪岱は、一五歳の上京以後はついに川越に住むことはなかったが、さきの文章で故郷川越についてこのように述べている。

「其処は旧城下の郭内で、菜種や桐の花が咲く夢のような土地であった（後略）」。

これもまた、失われゆく川越の風景の一つであっただろう。

56 漫画の先駆者〝北沢楽天〟と盆栽村

盆栽町・さいたま市立漫画会館（さいたま市・地図A2）◉東武アーバンパークライン（野田線）大宮公園駅から徒歩5分

さいたま市大宮公園の北には、その名のとおり、盆栽《ぼんさい》で有名な盆栽町が広がる。現在でも九霞園《きゅうかえん》、清香園《せいこうえん》、藤樹園《とうじゅえん》などの盆栽園が営まれ、世界的にも有名な「盆栽のメッカ」だ。昭和十五年（一九四〇）、大宮市誕生の折に「大宮市盆栽町」となるまでは、「盆栽村」の名で親しまれてきた地である。

その成立は大正時代にさかのぼる。大正十二年（一九二三）に発生した関東大震災をきっかけに、東京の本郷区（当時）千駄木《せんだぎ》で盆栽業を営んでいた清水利太郎らが新たな土地を探し求めた。大正十四年（一九二五）、「源太郎山」と呼ばれていた大宮公園の北に清水らが移住、「盆栽村」がスタートした。昭和三年（一九二八）には「盆栽村組合」が発足、翌年には鉄道が開通し「大宮公園駅」が開業。「盆栽村」は次第に人気を博し、吉田茂ら著名人も来訪する観光地となっ

毎年開催されている大盆栽まつり（画像提供：さいたま観光国際協会）

た。その盆栽町にゆかりの深い文化人に、大宮生まれで、近代漫画の発展に寄与した北沢楽天《らくてん》（本名保次《やすじ》、一八七六〜一九五五）がいる。

そもそも北沢家は、永禄《えいろく》三年（一五六〇）頃に潮田出羽守資忠《うしおだでわのかみすけただ》が築いた寿能《じゅのう》城（盆栽町に隣接するさいたま市寿能町に位置した）の筆頭家老北沢宮内直信を祖先にもち、江戸時代には同地で代々紀州徳川家御《お》鷹場《たかば》の鳥見役であった。大宮県が設置された明治二年（一八六九）には、北沢家の屋敷（現在の大宮駅東口辺り）は県の仮役所として利用された。

明治九年（一八七六）七月、その北沢家の四男として楽天は生まれる。まもなく家族で上京し、明治十六年（一八八三）、神田の錦華《きんか》小学校に入学。少年時代には、大野幸彦の主宰した大幸館で和田英作や岡田三郎助らとともに絵を学んだ。楽天はさらに日本画家に入門し画技をみがいた。

その後、楽天は漫画記者として活躍。二十歳頃には、英字紙『ボックス・オブ・キュリオス』の漫画記者に推挙され、横浜居留地で働き、明治三十二年（一八九九）には福沢諭吉のすすめで時事新報社に入社し絵画部に所属した。「楽天」のペンネームは明治三十六年（一九〇三）頃から用いられたようだ。明治三十八年（一九〇五）は、生涯の伴侶を得るとともに『東京パック』創刊という記念すべき一年となった。

このように日本の漫画文化発展に大きく貢献した楽天が、再び大宮に戻ってくるのは、第二次大戦の疎開先であった宮城県から戻ってきた昭和二十三年（一九四八）のことである。人生の終《つい》の棲家《すみか》を盆栽町に求め、「楽天居」を構え、北沢家に代々伝えられた屋敷稲荷を自宅に移した（現在でも、さいたま市立漫画会館脇に鎮座)。夫婦水入らずの生活では漫画を描くこともなく、戯れに日本画を描き、人に頼まれてもタダ同然に譲ったという。この頃の絵には、墨の濃淡や表情が変化に富み、筆勢を巧みに用いたものが多く、まさに楽天晩年の画境である。地元の婦人会の依頼で、浴衣のデザインを手がけたこともあった。早朝、薄暗い時間から愛犬を連れて散歩をし、盆栽町の街灯を消してまわった楽天は「電灯を消すオジイサン」と呼ばれもした。

昭和三十年(一九五五)五月、埼玉県立歴史と民俗の博物館が建つ地にあった埼玉県立文化会館で、「楽天の絵を見る会」が開催され好評を博した。同年八月、北海道旅行の出発二日前、脳溢血《のういっけつ》で倒れ、帰らぬ人となった。秩父の印刷会社の依頼で蘇鉄《そてつ》の屏風を描いたが、その作品が絶筆となった。同年、大宮市(さいたま市)の名誉市民第一号に推挙された。後に「楽天居」は大宮市に寄贈され、「楽天居」跡にはさいたま市立漫画会館が開館。彼の偉業を後世に伝えている。

57 成田一族の菩提寺と人間国宝

龍淵寺（熊谷市・地図A1） ◉JR高崎線熊谷駅から犬塚行きバス「龍淵寺」下車すぐ

「のぼうの城」で有名な成田氏の「中興の祖」である家時《いえとき》が、応永《おうえい》十八年（一四一一）、和庵清順《わなんせいじゅん》を開山とし創建したのが龍淵寺《りゅうえんじ》である。成田氏の菩提寺で、成田長泰《ながやす》や子氏長《うじなが》の宝篋印塔《ほうきょういんとう》など成田氏の墓を有し、熊谷市指定史跡に指定されている。龍淵寺には、成田氏一族の盛衰と同寺の成立を全九巻に記した『成田記』（上之村名主小沼十五郎保道の編著）や「成田氏系図」「成田氏分限簿」など貴重な史料も残されている。『成田記』は、文化《ぶんか》六年（一八〇九）頃までに一～五巻がまとめられ、ほかは編著者が没する文政《ぶんせい》十二年（一八二九）までには成立したと考えられる。

龍淵寺内には、福岡市に生まれた歌人であり、人形作家であった鹿児島寿蔵《じゅぞう》（一八九八～一九八二）の最初の歌碑が建立されている。鹿児島は、写生と万葉

鹿児島寿蔵歌碑

主義を基軸とした「アララギ」で歌人として活躍し、自ら考案した「紙《し》塑《そ》」を用いた人形製作で重要無形文化財保持者（人間国宝）にも認定された人物である。東京田端に居を構えていた鹿児島は、第二次世界大戦中の昭和二十年（一九四五）三月、熊谷に疎開。その間も作歌活動を続け、昭和二十五年発行の歌集『求《きゅう》青《せい》』には、熊谷空襲後の様子を詠んだ短歌「熊谷炎上」が収められている。『求青』というタイトル自体「北武蔵の田園に住んでゐるところから名づけた」と書いている。

58

詩人・立原道造の夢

ヒアシンスハウス（さいたま市・地図A2） ◉JR埼京線中浦和駅から徒歩5分

別所沼《べっしょぬま》公園の一角に建つわずか五坪の家。ヒアシンスハウスという名のその家は、夭折《ようせつ》の詩人・立原道造《たちはらみちぞう》（一九一四〜一九三九）の設計を元に、その死後六五年を経て平成十六年（二〇〇四）、全国の有志によって建設されたものである。

立原道造は青春のみずみずしさを湛《たた》える詩で知られるが、本業は建築家であった。昭和九年（一九三四）、東京帝国大学工学部建築学科へ入学。学業は優秀で将来を嘱望されるが、そのかたわら、堀辰雄《ほりたつお》らの主催する月刊詩誌『四季』の同人となり詩を発表していた。

大学を卒業し銀座の石本建築事務所に勤めるが、この頃から別所沼のほとりに週末を過ごす別荘の建設を考え始める。この構想は親しかった詩人・神保光《じんぼこう》太郎《たろう》の存在あってのことだった。神保の自宅は別所沼近くにあり、立原はしば

ヒアシンスハウス

しばそこを訪れていた。大学の卒業設計が「浅間山麓に位する芸術家コロニイの建築群」であった立原が、ここに友人と語らい過ごす理想の場所を思い描いたことは想像に難くない。この家を「ヒアシンスハウス」と名付け、五十もの案を作っては捨てたと、立原自身がその熱意を友人に手紙で書き送っている。土地を手配し、住所を刷り込んだ名刺まで作り着工間近であったが、昭和十三年（一九三八）頃からの立原の病気療養、それに続く立原の死により実現しなかった。

59

別所沼湖畔の「浦和絵描き」たち

別所沼公園（さいたま市・地図A2）◉JR埼京線中浦和駅から徒歩5分

浦和の別所沼《べっしょぬま》公園は、大正末期から昭和の初めにかけて、東京・深川の小島長次郎という人物が沼の周辺地を買い取り公園として整備したのがその始まりである。野球場やプールも備え、「昭和園」と名付けられ賑わったという。

その頃の浦和は関東大震災の影響で東京から移り住む人が増え、人口が急増していた。そして「鎌倉文士《ぶんし》に浦和絵描き」という言葉のとおり、浦和は大正末期から画家が多く居住するところともなっていた。美術のメッカ・上野に近く交通の便も良いことと、自然豊かな環境が好まれたためであろう。

別所沼にゆかりの深い画家のひとり、林倭衛《はやししずえ》（一八九五～一九四五）は、昭和十六年（一九四一）に別所沼西の稲荷台に居住し、ここが終《つい》の棲家《すみか》となった。

吹上《ふきあげ》生まれの画家・須田剋太《こくた》（一九〇六～一九九〇）は、旧制中学卒業後から

別所沼公園

関西へ居住するまでの青年時代、自分の画風を模索する時期をここで過ごした。日本画家の四方田草炎《よもだそうえん》（一九〇二〜一九八一）も数年を別所沼のほとりで制作している。昭和六年（一九三一）の新聞には浦和在住の四〇名の画家についての記事が掲載されたほどで、画家たちが互いに交流をもち作品を生み出した別所沼付近は埼玉の芸術家村ともいうべき場所となっていったのである。

公園内には、㊽で紹介した「ヒアシンスハウス」も所在。併せて足を運んでみるのはいかがだろうか。

60 楽しみながら学べる！ 埼玉県の歴史や民俗

埼玉県立歴史と民俗の博物館（さいたま市・地図A2）◉東武アーバンパークライン（野田線）大宮公園駅から徒歩5分

埼玉県立歴史と民俗の博物館は埼玉県にかかわる考古・歴史・民俗・古美術を扱う、県内最大級の人文系総合博物館である。武蔵《むさし》一宮《いちのみや》氷川神社《ひかわじんじゃ》に隣接する緑豊かな大宮公園内に位置し、アクセスも良い。

常設展示は「埼玉における人々のくらしと文化」をテーマに、一〇の展示室で、旧石器時代から現代までの、現在の埼玉県域に生きた人々の歴史、埼玉をテーマにした古美術や生活のあり方を貴重な資料で知ることができる。常設展示も季節ごとに展示替えが行われ、たびたび訪れても新たな発見があるだろう。特別展・企画展では、館外の資料も集め、多様なテーマの展示が開催される。また年間を通して「ゆめ・体験広場」での体験メニューや学芸職員による講座、ボランティアによる展示ガイドなどさまざまなイベントを開催している。埼玉

埼玉県立歴史と民俗の博物館

県の歴史や文化を学ぼうとする人や休日を家族で楽しみたい人には、ぜひ何度も訪れてほしい。

展示の内容や体験メニューのほかにも、実は博物館の建築も自慢の一つだ。この博物館は昭和四十六年(一九七一)、埼玉県立博物館として開館している。赤褐色の暖かみのあるタイルによる特徴的な外観が目を引くが、けっして派手ではなく、敷地に生える木立の中によく調和している。かたちも複雑で、門から入口へと深く入り込んでゆく途中にも建物はさまざまな表情をみせる。建物に入れば左右に広がる広々としたホールから、外の木々を眺めることができる。

この建築を設計したのは前川國男《まえかわくにお》（一九〇五〜一九八六）だ。前川は新潟市に内務官僚の父の長男として生まれた。東京帝国大学工学部建築学科で学び、卒業後は当時新進気鋭の建築家だったフランスのル・コルビュジエの事務所に勤務した。ル・コルビュジエはモダニズムの建築家で、歴史的な建築様式を組みあわせて建築をデザインすることが普通であった時代に、「建築は住むための機械である」といって、現代普通にみられるような装飾のないつるりとした外観のビルを一般的にした人だ。前川もモダニズムの考え方に共鳴し、帰国後は国内の様々なコンペティションで自分の理想とする建築を発表し続けた。

敗戦後には神奈川県立図書館・音楽堂、国立国会図書館（ミド同人として）、京都会館、東京文化会館、紀伊國屋ビル、東京海上ビルなど現在でもよく知られる建築を手がけている。埼玉県では当館のほか、浦和にある埼玉会館の設計を手がけている（一九六六年完成）。埼玉会館は地形を生かして大きなホールを地中に設け、その上をエスプラナードと呼ぶ広場とした。建物によって都市の中に人々が遊歩し出会う場所をつくろうとする、前川にとって画期的な作品だった。もともとある樹木を生かして配置された当館の建物や、正門から入口へつながる曲がりくねった中庭もそうした前川のアイデアにもとづくものだ。

当館以後に各地で前川が手がけた公立ミュージアムの原型として、当館もまた前川の傑作の一つに数えられる。日本の自然環境に適した外壁として考案された「打ち込みタイル」。コンクリートと同時にタイルが打ち込まれる強固な外壁だ。暖かみのある焼き物の質感や、施工のための穴が独特の表情をつくる。微妙な高低差のある館内や一筆書きで移動できるように考えられた動線は来館者に歩いて楽しむことをうながす。そして高い天井をもつエントランスホールや所々に開けられた窓は建物の内と外があたかも連続しているような感じを醸し出す。前川が「とんび」と呼んだテラスの手すりなど細かい部分も見逃すことができない。来館の際にはぜひ前川の建築も楽しんでほしい。

コラム

埼玉県の「祭り」

SAITAMA

祭り行事といっても、秩父祭や川越祭に代表される、豪華絢爛な山車・屋台・笠鉾が笛や太鼓に囃されつつ巡行する、美しく大規模なものから、当事者以外にはほとんど知られていない小規模なものまで、千差万別である。

ここでは、四年に一度、オリンピックイヤーの夏の盛りに鶴ヶ島市脚折《すねおり》で行われる「脚折の雨乞行事」を紹介する。この行事の特徴は、水神の性格を持つ龍蛇《りゅうだ》と呼ばれる巨大（全長約35メートル、重量約3トン）な蛇体を竹や麦藁で作ることである。行事当日、白髭神社を出発した龍蛇は約300人に担がれて約2キロの道のりを練り歩き、最終目的地である雷電池《かんだちがいけ》に入れられ、池の中を巡った後、「昇天」と称して解体される。行事では龍神が住むという群馬県板倉町の雷電神社の池から持ち帰った霊水も雷電池に注がれる。

台地上の脚折では、かつて夏季の雨不足が致命的な打撃となる陸稲《おかぼ》栽培が盛んで、雨乞いは旱魃《かんばつ》時に行われていた。現在は巨大な龍蛇が登場するスペクタクルとして多くの見物客を集めるようになった行事であるが、本来は無事な稲の成長を祈る人々の切実な願いから生まれた農耕儀礼であった。

◉埼玉県史跡関係年表

年号	西暦	出来事
・・・	三万年前	県内最古の旧石器が富士見市、さいたま市、春日部市で発見される
	六〇〇〇〜五五〇〇年前	奥東京湾の入江に暮らす人々によって、水子貝塚ができる ❶
辛亥	四七一	7月　さきたま古墳群稲荷山古墳出土の金錯銘鉄剣が、乎獲居により作られる ❷
	六世紀後半	横穴墓である吉見百穴が造られる ❸
	六世紀末	埼玉県で最も新しい前方後円墳である小見真観寺古墳が築造される ❹
	七世紀前半	この頃、関東の石舞台と呼ばれている八幡山古墳が築造される ❺
天智天皇五	六六六	武蔵国に高麗郡が建郡され、首長に高麗若光。のち高麗神社祭神となる ❽
慶雲　三	七〇六	大和国多武峯から藤原鎌足の遺髪を移して祀る（多武峯神社）❼
天平一三	七四一	聖武天皇、国分寺建設の詔勅。南比企窯跡郡で武蔵国分寺瓦が焼かれる ❻
宝亀　二	七七一	10月　武蔵国、東山道から東海道に所属替えとなる
貞観一三	八七一	安倍小水麿が、大般若経を書写。のち慈光寺に奉納（関東現存最古写経）㊷

天慶	二	九三九	2月 足立郡司武蔵武芝、武蔵権守興世王、武蔵介源経基と争う。平将門が調停
天慶	五	九四二	藤原秀郷、城峯山頂に平将門の霊を祀った城峯神社を建立 ❿
寛弘	四	一〇〇七	3月 書写山で性空上人が、秩父観音霊場を感得 ⓬
久寿	二	一一五五	8月 源義平、大蔵館で叔父源義賢を殺害（大蔵合戦）。子の義仲、木曽に逃れる ⓫
保元	元	一一五六	7月 保元の乱。斎藤実盛・岡部忠澄・金子家忠ら、源義朝に従う
平治	元	一一五九	12月 平治の乱。熊谷直実・足立遠元・猪俣範綱ら、源義朝に従う
治承	三	一一七九	3月 斎藤実盛が、長井庄に大聖歓喜天を奉祀して聖天宮（聖天山歓喜院）を建立 ⓭
治承	四	一一八〇	10月 畠山重忠・河越重頼ら、源頼朝に帰順する ⓯⓰
文治	二	一一八五	4月 静御前、鶴岡八幡宮で舞を披露。栗橋に静御前のものと伝えられる墓 ⓮
建久	三	一一九二	鎌倉幕府評定衆の御家人・中条家長、居館に常光院を創建 ⓱
建久	八	一一九七	栄西の高弟・慈光寺二十三世栄朝、関東最古の臨済宗寺院霊山院を開く ⓲
元久	二	一二〇五	6月 畠山重保、鎌倉で謀殺される。父重忠も二俣川で討たれる ⓯
寛元	三	一二四五	5月 栄朝ら、慈光寺に物部重光作の梵鐘を奉納 ⓲

文永 七	一二七〇	この年以前、慈光寺に後鳥羽上皇らによる法華経一品経が奉納される 9
文永 八	一二七四	10月 蒙古襲来（文永の役）
弘安 四	一二八一	6月 蒙古襲来（弘安の役）
元亨 三	一三二三	3月 備前長船景光作の短刀が作刀され、秩父神社に奉納
正中 二	一三二五	7月 大河原沙弥蔵蓮と時基、備前長船景光・景政作の太刀を秩父神社に奉納
嘉暦 四	一三二九	7月 大河原時基、備前長船景光・景政作の太刀を播磨国広峯神社に奉納
元弘 三	一三三三	5月 新田義貞軍、鎌倉幕府軍と小手指ヶ原などで合戦。二二日鎌倉幕府滅亡 19
建武 二	一三三五	7月 北条時行、女影原・小手指ヶ原で足利直義軍を破る（中先代の乱）
文和 元（正平七）	一三五二	閏2月 新田義宗ら、宗良親王を奉じて挙兵。武蔵野合戦。笛吹峠の戦い 20
文和 二（正平八）	一三五三	7月 鎌倉公方・足利基氏、入間川に在陣
延文 三（正平一四）	一三五八	10月 新田義興、足利基氏方に武蔵国矢口渡しで謀殺
貞治 二（正平一八）	一三六三	8月 足利基氏、入間郡苦林野・比企郡岩殿山で芳賀禅可を破る。白旗一揆追撃 21

応安　元 （正平二三）	一三六八	2月　河越直重ら河越館に立て籠もり蜂起する。平一揆の乱 16
応安　二 （正平二四）	一三六九	10月　秩父郡野上下郷に行阿らにより逆修板碑が造立（日本最大板碑）
永和　元 （天授元）	一三七五	この年、石室善久、埼玉郡岩付に平林寺を開く 38
応永一八	一四一一	成田家時、和庵清順を開山として龍淵寺を創建 57
享徳　三	一四五四	12月　鎌倉公方足利成氏、関東管領上杉憲忠を謀殺し、関東の騒乱激化（享徳の乱） 24
享徳　五 （康正二）	一四五六	2月　古河公方足利成氏、鷲宮神社に天下泰平と武運長久の願文を奉じる 22
長禄　元	一四五七	河越・岩付・江戸の諸城が築城される
文明　元	一四六九	太田道真は河越城に心敬・宗祇らを招いて連歌会を催す（河越千句） 24
文明　四	一四七二	太田道灌の父・道真、越生龍ヶ谷に曹洞宗の龍穏寺を開く 24
文明一八	一四八六	7月　扇谷上杉定正、家宰太田道灌を相模国糟屋館で謀殺
長享　二	一四八八	8月　万里集九、越生の龍穏寺や須賀谷原の平沢寺を訪れる 23 24

永正 九	一五一二	6月 足利政氏、子の高基との内訌により古河城を追われる
永正一六	一五一九	この頃、第二代古河公方足利政氏、久喜の館に隠棲。のち甘棠院となる ㉕
大永 五	一五二五	2月 北条氏綱、太田資頼の岩付城を攻略 ㉛
享禄 四	一五三一	第二代古河公方・甘棠院開基である足利政氏没す ㉕
天文 六	一五三七	難波田憲重、松山合戦で敵将・山中主膳と「松山城風流歌合戦」を交わす ㉖
天文一五	一五四六	4月 北条氏康、扇谷・山内両上杉氏、古河公方連合軍を破る（河越夜戦）㉖
永禄 元	一五五八	5月 忍城主成田長泰、大雷神社の本殿扉を修造する (54)
永禄 三	一五六〇	12月 寿能城築城。岩付城主太田資正の二男・潮田出羽守資忠城主となる ㉙
永禄一〇	一五六七	8月 岩付城主太田氏資、上総国三舟山合戦で討死 ㉛
天正 元	一五七三	清厳上人、勝願寺を再興する。のち徳川家康が、鷹狩の途次度々休息 ㉟
天正 四	一五七六	5月 幸手城主一色直朝、京都の三条西実枝の撰を経て『桂林集』を編纂 ㉘
天正一八	一五九〇	4月 前田利家により河越城落城 5月 浅野長吉により岩付城落城 6月 前田利家・上杉景勝により鉢形城開城 ㉚ 6月 成田長親が守る忍城は、石田三成により水攻めされる。七月一四日開城 ㉜ 7月 豊臣秀吉、小田原城を攻略し後北条氏滅亡

		8月　徳川家康、関東に入封し江戸城入城
天正一九	一五九一	この頃、伊奈忠次が小室郷に陣屋を設ける。伊奈氏はのち関東郡代となる㉞
慶長　二	一五九七	11月　元幸手城主一色直朝没す㉘
慶長　四	一五九九	天海、豪海の跡を受けて北院（のち喜多院）の住持となる㉝
慶長　六	一六〇一	12月　徳川家康、久喜の地を伊達政宗に与え放鷹場とする
慶長　八	一六〇三	2月　徳川家康、征夷大将軍に任じられる（江戸幕府成立）
元和　二	一六一六	8月　幕府は、利根川沿いの川俣や栗橋など一六カ所を定船場に定め、関所とする
元和　三	一六一七	天海により喜多院境内に、仙波東照宮が勧請される㉝
元和　四	一六一八	9月　陽雲寺開基の武田信玄室・陽雲院没す㉗
寛永　六	一六二九	荒川の瀬替えが行われる
寛永一〇	一六三三	2月　尾張・紀伊・水戸の徳川御三家は、埼玉県域に鷹場を賜る
寛永一五	一六三八	川越喜多院の客殿・書院・庫裏、江戸城紅葉山より移築される
寛永一七	一六四〇	6月　焼失した仙波東照宮再建され落成。岩佐又兵衛筆三十六歌仙額が奉納
承応　二	一六五三	8月　川越藩主・松平信綱、野火止新田を開発。元禄九年（一六九六）五月完了

承応　四	一六五五	3月　川越藩主・松平信綱、安松金右衛門に命じて野火止用水を開削する ㊲
寛文　二	一六六二	3月　松平信綱没し、岩槻の平林寺に葬られる。翌年、平林寺は野火止に移転 ㊳
天和　二	一六八二	この年と元禄二年の二回、円空は観音院など埼玉県東部に足跡を残す ㊱
元禄　九	一六九六	5月　老中・川越藩主柳沢吉保により、三富新田が開発される ㊵
享保一三	一七二八	井沢弥惣兵衛、見沼代用水と見沼通船堀を開削 ㊶
享保一六	一七三一	5月　見沼通船堀が完成し、通船が開始 ㊶
享保二〇	一七三五	妻沼歓喜院聖天堂の再建着手。宝暦一〇年（一七六〇）落成 ⑬
延享　三	一七四六	6月　『群書類従』を編纂した国学者・塙保己一が、児玉郡保木野村で生まれる ㊹
明和　三	一七六六	7月　平賀源内、秩父郡中津川鉱山の採掘を開始
寛政　四	一七九二	10月　川越城下に現存最古の蔵造りの建造物・大沢家住宅が建てられる
寛政　九	一七九七	8月　岩槻藩儒者・児玉南柯、藩主の侍読を命じられる ㊴
寛政一一	一七九九	3月　児玉南柯、遷喬館を創立する ㊴
寛政一二	一八〇〇	川口木曾呂に、富士講の一つ丸参講の信者によって築造される ㊸
文政　二	一八一九	塙保己一、『群書類従』を完成する ㊹
天保　二	一八三一	11月　田原藩士渡辺崋山、三ヶ尻（熊谷市）調査のため龍泉寺に滞在する ㊺
天保一三	一八四二	8月　川越藩は、相模国、忍藩は上総・安房両国の沿岸警備を命じられる

嘉永 元	一八四八	9月	川越藩主松平大和守斉典、弘化三年に焼失した川越城本丸を再建する 46
嘉永 六	一八五三	11月	川越藩・忍藩が、品川沖台場の警備を命じられる
安政 元	一八五四	8月	岩槻藩が、上総・安房両国の沿岸警備を命じられる
文久 元	一八六一	11月	皇女和宮、将軍・徳川家茂に嫁すため江戸に下向。一四日、桶川宿本陣泊 47
文久 三	一八六三	3月	青山村の根岸友山、浪士組に参加し上洛。のち江戸に帰り新徴組に参加 48
慶応 二	一八六六	6月	武州世直し一揆おこる
慶応 四	一八六八	5月	渋沢栄一の養子平九郎、飯能戦争において顔振峠で自刃 49
明治 元	一八六八	10月	明治天皇が、武蔵一宮氷川神社に行幸する 50
明治 四	一八七一	11月	現在の県域が、埼玉県と入間県となる
明治一〇	一八七七	4月	木村九蔵、養蚕改良の競進組（のち競進社）を設立
明治一六	一八八四	7月	日本鉄道会社、上野・熊谷間を開通
明治一七	一八八四	10月	下吉田村の椋神社で、農民で組織された困民党が蜂起する（秩父事件） 51
明治一八	一八八五	7月	日本鉄道会社、大宮・宇都宮間を開通
明治二〇	一八八七	3月	日本画家・小村雪岱、川越郭町に生まれる 55
		8月	東京帝大生の坪井正五郎が、根岸武香らと吉見百穴の発掘調査をする 3

		10月	渋沢栄一らにより、血洗島村上敷免に日本煉瓦製造会社が建設される 52
明治二六	一八九三	3月	川越大火。町の約半分を焼失
明治二九	一八九六	10月	県立浦和・熊谷中学校開校
明治三三	一九〇〇	4月	県立高等女学校（現浦和第一女子）開校
明治四二	一九〇九	10月	田山花袋、『田舎教師』を発表
大正　五	一九一六	9月	小鹿野の本陣寿旅館に、宮沢賢治ら盛岡高等農林学校一行が宿泊 53
大正一一	一九二二	12月	川越市が市制施行
大正一四	一九二五		この頃から、大宮公園北側に盆栽業者が移住。のち「盆栽村」となる 56
大正一五	一九二六		小島長次郎が、遊観地として昭和園を開く（昭和二六年別所沼公園となる） 59
昭和　七	一九三二	9月	京浜東北線大宮・赤羽間電化
昭和一〇	一九三五	12月	熊谷陸軍飛行学校開校
昭和二〇	一九四五	3月	鹿児島寿蔵が、熊谷に疎開
		8月	熊谷市大空襲
昭和二二	一九四七	9月	カスリン台風で死者一〇一人
昭和二三	一九四八	10月	県庁舎が焼失
		11月	漫画家・北沢楽天、大宮盆栽村に「楽天居」を構える（現漫画会館） 56

昭和三六	一九六一	6月　昭和の市町村合併一応完了（二三市三五町三七村）
昭和三九	一九六四	10月　東京オリンピックのサッカー・ボート・射撃など県内で開催
昭和四二	一九六七	9月　第二二回国民体育大会夏季大会。一〇月秋季大会開催
昭和四六	一九七一	11月　埼玉県立博物館開館。平成一八年、埼玉県立歴史と民俗の博物館に改称 60
昭和五七	一九八二	6月　東北新幹線、大宮・盛岡間暫定開業 11月　上越新幹線開業
平成一四	二〇〇二	5―6月　2002FIFAワールドカップ日本韓国共同開催
平成一六	二〇〇四	9―10月　第五九回国民体育大会（彩の国まごころ国体）開催 11月　有志により詩人・立原道雄の設計を元に、ヒアシンスハウス（風信子荘）建設 58
平成一七	二〇〇五	この年を中心として平成の市町村合併が行われる（四〇市二二町一村・平成二六年五月現在）
平成一九	二〇〇七	10月　さいたま市大宮区に鉄道博物館開館
平成二四	二〇一二	7月　妻沼歓喜院聖天堂が国宝に指定される 13

年表作成　杉山正司

■執筆者一覧（50音順）

〈埼玉県立歴史と民俗の博物館〉

池田伸子	17, 24, 33, 55, 58, 59
内田幸彦	p56, p126, p228 コラム
浦木賢治	23, 36, 45, 54, 56, 57
加藤光男	12, 19, 35, 40, 41, 46
川上由美子	37, 38
佐藤美弥	49, 51, 60
杉崎茂樹 *	1, 4, 6, 30
杉山正司	25, 28, 31, 39, 42, 47 p96, p190 コラム
銭場正人 *	13, 32
大明　敦 *	8, 10, 50, 53
高橋恵美 *	14, 27
田中裕子	22, 43, 44
中山浩彦	3
西口正純 *	2, 5
野中　仁	7, 9, 18
藤野龍宏	16, 21, 26, 29, 34, 48
諸岡　勝 *	11, 15, 20
両角まり *	52

＊は元職員

編者◎埼玉《さいたま》県立《けんりつ》歴史《れきし》と民俗《みんぞく》の博物館《はくぶつかん》

埼玉県の歴史と民俗に関する資料を収集・保管し、総合的に調査研究してその成果を展示公開・情報発信をすることにより、埼玉県の魅力をアピールするとともに、学習活動や交流の場となって埼玉県民の心豊かなくらしと新たな文化の創造に寄与する人文系総合博物館。

住所◎埼玉県さいたま市大宮区高鼻町4−219
交通◎東武アーバンパークライン（野田線）大宮公園駅から徒歩5分

わくわく埼玉県歴史ロマンの旅

2014年6月10日　初版発行

編　者　埼玉県立歴史と民俗の博物館
発行者　佐久間重嘉
発行所　学陽書房

〒102-0072　東京都千代田区飯田橋1-9-3
営業部　TEL 03-3261-1111　FAX 03-5211-3300
編集部　TEL 03-3261-1112
振　替　00170-4-84240

本文デザイン・DTP制作・装丁／佐藤 博
印刷・製本／加藤文明社

ISBN978-4-313-77000-3　C0120